AF473528

DE L'ORGANISATION

DES COMMUNES,

ET

DU POUVOIR MUNICIPAL

SELON LA CHARTE.

PAR M. P. DESSAURET,

AVOCAT A SAINT-FLOUR (CANTAL).

« La législation doit pourvoir, par des améliorations
« successives, à tous les besoins de la société. »

(*Discours du Roi*, session de 1826.)

PARIS,

IMPRIMERIE-LIBRAIRIE DE J. G. DENTU,

RUE DU COLOMBIER, N° 21;

ET PALAIS-ROYAL, GALERIES DE BOIS, Nos 265 ET 266.

1828.

AVANT-PROPOS.

Après de longues hésitations, le gouvernement semble annoncer enfin l'intention de s'occuper sérieusement de l'organisation municipale; une commission est formée pour en préparer le projet. Probablement il ne sera pas soumis cette année aux délibérations des Chambres, mais l'affranchissement des communes sera très-certainement l'objet de vives discussions, dès le commencement de la session prochaine.

En attendant, Son Excellence le ministre de l'intérieur a généreusement ouvert la carrière à tous les citoyens qui ont conçu des améliorations quelconques au déplorable système d'administration municipale suivi jusqu'à ce moment. Il a promis d'accueillir avec faveur les Mémoires qu'on lui remettrait à ce sujet : ses paroles ont excité le zèle de plusieurs écrivains politiques, qui déjà m'ont devancé, et ont fait imprimer de bonnes théories. Je me présente à mon tour dans la lice.

L'exercice répété de fonctions administratives m'a souvent fourni l'occasion de remarquer les vices de l'organisation des communes, et de gémir sur les funestes effets de leur servage, et de ce qu'on appelle *la centralisation*.

L'étude du droit public et de l'histoire, l'examen critique des diverses opinions émises sur l'origine présumée du pouvoir municipal, sur ses modifications ou ses révolutions, si l'on veut, m'ont inspiré l'idée d'une législation nouvelle, toute différente de celle qui nous régit, et je n'ai point balancé à publier le résultat de mes longues méditations.

Peut-être, tout faible qu'il est, cet ouvrage sera-t-il accueilli avec quelque faveur, parce que l'on y reconnaîtra, je me plais à le croire du moins, l'expression d'une conviction profonde, et les sentimens d'un cœur tout français.

DE L'ORGANISATION
DES COMMUNES,
ET
DU POUVOIR MUNICIPAL
SELON LA CHARTE.

CHAPITRE Ier.

Idées générales. — Origine du pouvoir municipal. — Modifications qu'il a subies en France depuis 1789.

Depuis l'heureuse époque de la restauration, on n'a cessé d'entretenir le public de la loi municipale; à chaque session législative on s'attend à en voir éclore le projet. L'impatience est grande; elle est en proportion du désordre qu'on remarque depuis si long-temps dans l'administration des communes. Mais la matière est grave; elle commande les plus profondes méditations; et la précipitation des hommes d'Etat, dans un sujet d'une aussi haute importance, serait presque un crime politique.

La loi municipale sera le complément de nos institutions : à cette loi se rattachent, par conséquent, les plus grands intérêts de l'Etat.

Elle doit être l'une des sauvegardes des libertés publiques, sans s'écarter du principe monarchique de notre Constitution.

Le pouvoir municipal est, en quelque sorte, un pouvoir intermédiaire entre le roi et ses sujets, toujours vigilant à défendre les prérogatives de la couronne contre les entreprises de la démocratie, toujours jaloux de protéger les droits des communes contre les envahissemens de l'autorité.

Faut-il s'étonner qu'il ait été celui de tous les élémens conservateurs de l'ordre social que la révolution française a le plus bouleversé ?

L'influence du pouvoir municipal, si elle l'avait laissé subsister tel qu'il devait être essentiellement, l'eût arrêtée dans sa marche désorganisatrice. Aussi les héros insensés, mais conséquens dans leur délire, qui ont figuré aux divers actes de ce grand drame politique, ont-ils eu le soin de le dénaturer, pour le façonner à leurs projets démagogiques, ou de l'asservir, afin d'en paralyser l'action.

L'administration municipale est fille de la nécessité; son origine remonte à celle des sociétés premières; son organisation ne fut point l'œuvre des gouvernemens : ceux-ci ne furent au contraire que son œuvre, ou, pour mieux dire, la suite de son organisation.

Chaque famille est composée de plusieurs membres; elle forme donc une communauté. Le père en est le chef.

Aussitôt que plusieurs familles se trouvèrent exister dans le même lieu, il s'établit entre elles des rapports; elles eurent des intérêts communs.

Les intérêts de chacune n'en subsistèrent pas moins : ils furent, dans mainte et mainte circonstance, en opposition avec les intérêts communs. Leur choc aurait amené la dissolution de la société nouvelle, qui, composée d'êtres animés, devait, par cela seul, tenir à sa conservation.

De même que chacune d'elles en avait un, il fallut à l'assemblage de ces familles un chef qui fût chargé de veiller à l'intérêt commun, et de le faire prévaloir contre les intérêts particuliers qui y étaient subordonnés.

Sa volonté dut être l'expression de la volonté commune, qui ne fut autre chose elle-même que l'expression de la majorité des volontés particulières.

Or, les chefs des familles dont l'agrégation forma celle dont nous parlons, étaient les organes des volontés particulières; ils durent par conséquent choisir celui qui, investi de la confiance du plus grand nombre, serait désormais le chef de la grande famille.

Ainsi élu, cet officier public ne put, dans les circonstances graves, connaître les volontés particulières sans en consulter les organes; il eut recours à leurs conseils toutes les fois qu'il en eut besoin, et ils furent associés à son administration.

Bientôt les familles se multiplièrent à tel point, que l'assemblée de leurs chefs serait devenue beaucoup trop nombreuse, et que la confusion et le chaos eussent présidé à leurs délibérations.

On s'aperçut de ce résultat, et l'on choisit parmi les plus sages des chefs particuliers, un certain nombre de mandataires destinés à devenir les conseillers du chef commun.

C'est ainsi que, par la seule force des choses, l'administration municipale se trouva tout à coup organisée comme par enchantement.

Les municipalités se multiplièrent à leur tour. Elles eurent chacune leurs intérêts communs particuliers, et des intérêts généraux, conséquence nécessaire de leurs rapports entre elles. La réciprocité de ces rapports les unit; cette union produisit un corps de nation; la nation eut besoin d'un chef suprême qui, établi au-dessus de ceux des communes, veillât aux intérêts généraux de leur agrégation, et l'administration publique fut constituée.

Tels ont été les commencemens de tous les gouvernemens, quelque dénomination qu'on leur donne, lorsqu'ils n'ont point été imposés par la force ou par l'intrigue, par l'audace ou par la ruse, mais indiqués par la nature; tels ont été ceux du gouvernement sous lequel vécurent nos pères, que l'on appellera, si l'on veut, *républicain-fédératif*, mais qui, quelle qu'ait été sa forme, ne dériva pas moins de ce principe.

Le pouvoir municipal exista de tout temps dans les Gaules. Certaines villes que l'on y remarquait avaient un chef unique, qui lui-même n'avait pour conseil que quelques citoyens des plus recommandables; d'autres étaient régies par des décurions et un sénat nombreux; mais la base de ce système d'administration était partout la même, et rien ne prouve mieux peut-être l'ancienneté de l'origine de ce peuple célèbre.

Si les Celtes n'avaient pas été une nation primitive, on n'aurait point retrouvé chez eux des institutions aussi conformes au droit naturel : elles s'étaient corrompues dans la plupart des Etats, qui, plus tard, envoyèrent au loin des colonies, superflu d'une population déjà trop nombreuse. Ces colonies, d'ailleurs, eurent un régime particulier, que leur imposèrent ceux sous la conduite desquels elles allèrent s'établir dans des pays inhabités.

Les Romains furent étonnés de voir des peuples qu'ils appelaient *barbares*, soumis à une Constitution aussi sage, et ils s'aperçurent de son excellence à la résistance opiniâtre que les cités des Gaules opposèrent aux efforts du plus grand de leurs capitaines.

Bientôt ils eurent à s'applaudir de l'avoir maintenue dans cette belle partie de leur vaste domination; et l'abbé Remy observe très-judicieusement que les cités contribuèrent plus que toute autre cause peut-être à suspendre la chute de l'empire d'Occident.

Les attributions de l'administration municipale étaient de maintenir l'ordre et la police, de veiller à l'exécution des lois, de discuter les affaires publiques, de répartir le cens entre les citoyens, de déterminer les circonstances où ils devaient prendre les armes, de leur choisir des chefs militaires, de régir la perception et l'emploi de leurs revenus, de traiter, en un mot, de tous les intérêts communs.

Les fonctions judiciaires n'étaient point dans le principe de son ressort; on en laissait l'exercice aux ministres du culte : les druides connaissaient des causes criminelles, appliquaient les peines, jugeaient les différends entre les particuliers. Tous les ans, ces prêtres mystérieux de la mythologie celtique se réunissaient dans le pays de Chartres, où était leur principal établissement. Ils y décidaient toutes les contestations : leurs jugemens étaient comme des oracles; les parties s'y conformaient avec un saint respect.

Quand les Gaulois connurent le culte des Romains, ils consentirent aisément à embrasser la religion de leurs vainqueurs, et se délivrèrent ainsi des vexations des druides, qui, jaloux d'accroître progressivement leurs priviléges, étaient insensiblement devenus un corps despotique, exerçant sur tous les autres corps la plus insupportable tyrannie.

Alors l'administration de la justice devint l'apanage des municipalités, qui y présidèrent sous les auspices du préfet, et au nom de l'empereur. Les cités en acquirent un degré d'importance de plus ; mais le principe du gouvernement en reçut une atteinte.

Les fonctions judiciaires et les fonctions municipales doivent toujours être distinctes les unes des autres. Ces deux pouvoirs, réunis dans les mêmes personnes, leur donnent trop d'autorité.

Aussi vit-on, à cette époque, quelques cités s'élever orgueilleusement contre Rome, convoquer l'assemblée des états-généraux, sans attendre l'autorisation de l'empereur, et délibérer fièrement s'il fallait prendre ou non les armes contre les maîtres du monde (1).

Tel était l'ordre établi dans les Gaules, lorsque les Francs y arrivèrent. Leurs incursions n'y furent d'abord que passagères; insensiblement ils s'y établirent, et en chassèrent les Romains, que les efforts de tant de peuples divers avaient lentement affaiblis. Clovis, enfin, réunit sous sa domination, ou

---

(1) Tacite, *règne de Vespasien.*

par des traités avantageux, ou par la force des armes, la presque totalité des habitans de l'ancienne Celtique. Ces différentes nations se mêlèrent, et prirent le nom des soldats de Clovis, qui, sur les débris de la puissance des Celtes, éleva celle des Français, destinée à ne plus périr.

On a proposé la question de savoir si ce prince fut législateur, ou s'il ne fut que conquérant. Nous croyons qu'il fut l'un et l'autre.

Il laissa subsister dans ses nouveaux Etats les lois des Ripuaires, qui se donnèrent à lui; il y mit en vigueur les lois saliques. Les unes et les autres réglaient le droit criminel, et quelques parties du droit public et du droit civil. Quant à l'administration municipale, il n'eut garde d'y innover, ne prenant d'autres précautions, à cet égard, que celles que lui prescrivait la différence du gouvernement républicain-fédératif au gouvernement monarchique.

On comptait à cette époque dans les Gaules, cent cinquante cités. Chacune d'elles avait son sénat, ses milices et ses revenus : elles furent maintenues; seulement des gouverneurs à la fois civils et militaires, sous le titre de *comtes* ou de *ducs*, furent envoyés dans leurs murs pour y représenter le souverain.

Les officiers municipaux auxquels ils furent associés pour rendre la justice, nommés d'abord *rachimbourges*, plus tard appelés *scabins* (d'où la dénomination d'*échevins*), conservèrent durant plusieurs siècles leur autorité première et toute leur influence. On les trouve rappelés dans les capitulaires de Charlemagne, qui ne conféraient d'autre privilége aux *sénieurs* (seigneurs) et aux *junieurs* leurs substituts, que celui de déférer les criminels aux tribunaux, pour y être punis selon les lois.

Ce grand homme fut un de ces génies étonnans qui apparaissent de loin à loin sur la scène du monde. Aucun des rois de sa race qui lui succédèrent ne fut digne de lui. La nature, comme fatiguée des efforts qu'elle avait faits pour le produire, se reposa, et le sceptre tomba dans des mains trop débiles pour en soutenir le poids.

Alors les cités dégénérèrent : les Normands et les grands vassaux couvrirent la France de ruines, et le système municipal fut enseveli dans ces décombres. Au milieu de tous ces désordres, la Providence veillait; elle suscita parmi les grands du royaume un chef auguste à une nouvelle dynastie.

Fils de Hugues-le-Grand, petit-fils de Robert, qui avait été sacré roi, neveu du roi Eudes, arrière-petit-fils de Robert-le-Fort, dont l'origine se perd dans la nuit des temps, Hugues Capet fut proclamé roi de France l'an 987.

Il eut de la valeur et de la politique, il sut se maintenir sur le trône, et le transmettre à ses descendans.

C'est au siècle de Hugues Capet que le président Hainault rapporte le commencement de la pairie. Il est constant que le titre en existait auparavant, et quelques auteurs ont pensé qu'elle devint une dignité aussitôt après l'usurpation des fiefs : on ignore sous quel règne. Quoi qu'il en soit, elle ajouta à la personne des grands seigneurs un nouvel éclat. Le résultat en fut une servitude plus affligeante pour le peuple, une autorité plus absolue pour ses maîtres; et les princes de la troisième race auraient été, comme les derniers de la seconde, les victimes de la puissance colossale de leurs vassaux, si les croisades n'avaient ouvert une vaste carrière à la turbulente ambition de ceux-ci. Pour faire face aux dépenses de si longs voyages, ils vendirent au roi beaucoup de terres qui furent réunies à la couronne; elle s'enrichit, et ils s'affaiblirent.

Les guerres de l'Orient procurèrent d'ailleurs à Philippe Ier quelques années de repos. Louis-le-Gros lui succéda : il prit possession d'un domaine agrandi, mais encore exposé aux incursions de voisins puissans, quoique ses feudataires : il résolut de les réduire à l'obéissance, et fut assez heureux pour y parvenir, après plusieurs années de guerre; mais peut-être eût-il été aussi difficile de les contenir qu'il l'avait été de les vaincre : la force et la valeur déterminent la victoire, la sagesse peut seule en conserver les fruits.

Louis eut pour ministre et pour ami Suger. Cet homme habile comprit que la tyrannie qu'exerçaient les seigneurs dans leurs fiefs, était le plus ferme appui de leur puissance; il conseilla au roi d'affranchir les communes. Le souverain et le ministre étaient dignes l'un de l'autre; ils s'entendirent parfaitement. L'exécution d'un tel projet était difficile, hors des domaines du roi; il eût fallu pour réussir, employer la violence. L'abbé Suger compta sur l'influence de l'exemple, sur l'énergie des citoyens, sur le délabrement de la fortune des grands. Toutes ses combinaisons furent justifiées par l'évènement. Louis rétablit les communes qui se trouvaient sous sa domination immédiate, dans leurs droits primitifs. La première charte en fut accordée l'année 1112, à la ville de Laon; deux ans après Amiens obtint la sienne. Le premier pas était fait.

Louis-le-Jeune et Philippe-Auguste continuèrent cette entreprise importante. Les habitans des provinces voisines des domaines de la couronne furent les témoins du bonheur de leurs compatriotes : ils voulurent y participer; ils s'agitèrent dans leurs fers, et firent trembler leurs tyrans. Quelques seigneurs alors traitèrent avec leurs serfs, leur concédant, à titre de privilége, le rétablissement des droits dont ils les avaient injustement dépouillés; d'autres crurent trouver, dans ces circonstances, le moyen de recouvrer des richesses dissipées dans les entreprises des croisades, ou follement perdues dans des guerres intestines. Ils vendirent aux communes de leur domination la liberté qu'ils leur avaient ravie, et presque partout le système municipal fut réorganisé.

Saint Louis et Philippe-le-Bel mirent la dernière main à cet immense ouvrage. Pour la première fois, durant le règne du dernier, le tiers-état parut aux états-généraux.

Il est à propos d'observer ici que, dans les premiers temps de ces innovations, on étendit trop loin le principe de l'indépendance des communes. Elles furent en quelque sorte isolées l'une de l'autre, formant, au sein d'une monarchie, un nombre infini de petites républiques, que l'on n'eut pas le soin de lier assez étroitement au corps entier de l'Etat. Elles eurent leurs administrateurs, sous le nom d'*échevins*, de *jurés*, de *consuls* ou de *maires*. Ils étaient choisis par les bourgeois parmi les plus notables, et principalement chargés de veiller au maintien de leurs droits.

Elles eurent leurs finances et leurs milices. Les municipalités furent commises à la garde de leurs fortifications; elles disposèrent des clefs de leurs villes.

On sent tout ce qu'un pareil système pouvait avoir de dangereux. Il produisit d'abord d'heureux effets; tant de moyens de résistance et d'attaque usèrent insensiblement le colosse de la puissance féodale, et servirent ainsi les intérêts de la royauté.

Le peuple, qui rapportait au souverain le bienfait du rétablissement de sa liberté, était plein d'amour pour ses rois, et les communes leur fournissaient avec joie les hommes de guerre et les subsides dont ils avaient besoin.

Elles jouirent de la plupart de leurs prérogatives, jusqu'au commencement du seizième siècle. « Mais lorsque l'équilibre et la subor- « dination commencèrent à se rétablir dans « la monarchie, lorsque nos rois se sentirent « assez puissans pour repousser sans secours « étrangers la cupidité des seigneurs, alors la « politique de la cour changea de système...; « on chercha à rendre ces confédérations im- « puissantes (1). »

C'est ainsi que François Ier ordonna que les assemblées où devaient être élus les officiers municipaux, fussent présidées, selon les localités, par des baillifs, sénéchaux ou autres officiers royaux, qui devaient être entendus dans leurs conclusions, recevoir le serment des nouveaux fonctionnaires, et conférer leur institution. C'est ainsi qu'il prescrivit encore que les assemblées municipales, où il devait être pourvu à la police des villes, fussent présidées aussi par les mêmes officiers royaux (2).

---

(1) L'abbé Remy.

(2) Edit de Crémieux de 1536, art. 26 et 27.

Henri II introduisit les mêmes personnages, avec les mêmes attributions, dans toutes les assemblées des corps communs, quel que dût être l'objet de leur délibération (1). Plus tard, les communes perdirent le droit d'armer leurs milices et de faire la guerre. Henri III et son illustre successeur (Henri IV) avaient fait une triste expérience des résultats de cet usage.

Les cités dévouées au parti de la ligue résistèrent long-temps au bon roi, et quelques-unes refusaient encore de reconnaître son autorité, alors même que les chefs de la révolte, vaincus, éprouvaient les effets de toute sa clémence.

Richelieu réprima l'orgueil des grands, et contint les communes, sans opposer l'une à l'autre ces deux puissances long-temps rivales.

La politique de Mazarin produisit les mêmes effets, sans employer la violence et la roideur qui caractérisent le ministère de Richelieu; et lorsqu'après la mort du cardinal italien, dont la tutelle dut paraître souvent importune à Louis XIV, ce monarque saisit les rênes de l'Etat, il *régla*, selon les nobles

---

(1) Edit de Paris de 1559, art. 6.

expressions de l'auteur auguste de la Charte constitutionnelle, *presque toutes les parties de l'administration publique par des ordonnances dont rien encore n'avait surpassé la sagesse.*

Il crut utile de restreindre les libertés des communes, sans cependant les asservir; il se réserva la nomination de quelques-uns de leurs officiers, en leur laissant la faculté d'en élire le plus grand nombre. Malheureusement, les calamités de la fin de son règne ne permirent point de maintenir ce qu'il avait fait d'abord; les offices municipaux devinrent, comme tant d'autres, des charges purement vénales; et Louis XIV essaya vainement, par son édit de juillet 1724, de rétablir les choses sur leur ancien pied; le mauvais état des finances le contraignit à le révoquer, en 1733; depuis cette époque jusqu'en 89, le régime municipal ne subit que quelques modifications peu importantes, dont il est inutile de nous occuper ici.

CHAPITRE II.

Du pouvoir municipal, depuis 89 jusqu'à la chute de l'Assemblée constituante.

La monarchie française était à son quatorzième siècle d'existence; elle avait survécu à toutes les agitations de cette longue période, sans avoir, à proprement parler, de constitution écrite, et cela n'est pas étonnant.

Son gouvernement, ainsi que nous l'avons fait observer, était conforme, dans son commencement, à la loi naturelle, et portait avec lui un principe de vie qui devait le garantir long-temps de tout principe de destruction.

Cependant, une infinité de causes tendaient à le corrompre, et le minaient sourdement. L'inimitié réciproque des divers ordres de l'état était la plus active.

La hauteur, la fortune et l'orgueil des grands, l'esprit de domination d'une partie du clergé, irritaient le peuple.

Les paradoxes de Luther et de Calvin avaient

fait beaucoup de mal à la religion; ils n'en firent peut-être pas un moindre à la monarchie; ils accoutumèrent les hommes à une liberté de penser et de dire qui ne leur était pas connue.

Les troubles des règnes de Charles IX, de Henri III et de Henri IV, causés par ces dangereux novateurs, occupèrent nos aïeux; la sévérité de l'administration de Louis XIII, la force de celle de Louis XIV les continrent; l'immoralité de la cour du régent les pervertit; l'insouciance de Louis XV leur laissa tout publier, tout répandre. On aurait tort d'accuser la faiblesse du roi-martyr des désastres de la révolution; avant son avènement au trône, le mal était fait; et ce prince infortuné, quelle qu'eût été la force de son âme, n'aurait pu que retarder l'explosion du volcan, mais non, peut-être, la prévenir.

Il est vrai cependant que les fautes de ses ministres l'accélérèrent, et contribuèrent à la rendre plus terrible.

Celui de tous qui joignait aux meilleures intentions et au plus entier désintéressement le talent le plus vrai, séduit par son cœur, jugeait mal les hommes; il se les représentait tels qu'ils les eût voulus, et non point tels qu'ils étaient. Cette disposition de son caractère l'avait rendu trop accessible aux principes du philosophisme de son siècle, qui s'intitulait exclusivement *le siècle des lumières.*

Rappelé au ministère par le vœu du peuple, bien plus encore, peut-être, que par les désirs du monarque, Necker voulait être fidèle à son roi, et le servir; mais, d'une autre part aussi, il était jaloux de conserver et d'accroître sa popularité, et il rêvait plusieurs de ces institutions que, depuis, on est convenu d'appeler *libérales.*

Il crut avantageux de convoquer les états-généraux, et il s'applaudissait de trouver dans cette mesure l'occasion favorable d'associer la nation à la gloire des réformes qu'il méditait, et la garantie de leur stabilité, qu'il plaçait dans la sanction du peuple. Il ne s'aperçut pas que c'était mettre ainsi toutes les passions en présence, au moment où leur effervescence était au comble.

Les états-généraux s'assemblèrent le 5 mai 1789, et dès le lendemain la division éclata.

Nous ne nous attacherons point à suivre ici pas à pas la marche de cette étonnante révolution; nous l'avons dit, le pouvoir municipal, s'il eût été pur alors, lui eût opposé peut-être une digue qu'elle n'aurait brisée que difficilement, malgré toute la rapidité de son torrent dévastateur; mais il était sans force depuis longues années, et les fauteurs de nos discordes lui imprimèrent un mouvement conforme à leurs desseins, en lui rendant son action.

Le moyen qu'ils employèrent pour y parvenir est le plus étonnant dont l'histoire des révolutions de tous les peuples nous ait conservé le souvenir. Le sentiment de la peur fut inspiré subitement, on ignore par quelle influence, à vingt-cinq millions d'hommes répandus sur les diverses parties de la France, et cela pour leur mettre les armes à la main. Partout, d'un bout du royaume à l'autre, le même jour et à la même heure, on crut voir des hordes de brigands, et partout la milice bourgeoise fut spontanément recréée.

Partout, et en même temps, cette milice, soulevée contre l'autorité protectrice qui maintenait entre les citoyens l'ordre, l'accord et l'harmonie, poussa les cris de liberté et de souveraineté du peuple.

Pendant ces troubles, les électeurs de Paris, rassemblés à l'Hôtel-de-Ville, avaient déterminé des signes de ralliement, et arboré la cocarde verte, qu'ils remplacèrent ensuite par la cocarde aux trois couleurs. Alors une municipalité nouvelle se forma sans la médiation de la volonté royale. Les milices, armées par la peur, prirent le titre de *garde nationale*. Les provinces étaient destinées à suivre, de point en point, l'impulsion de Paris; toutes les municipalités de France furent réorganisées tout à coup, à l'instar de celle de la capitale; toutes se trouvèrent également indépendantes; les plus petites communes furent armées aussi, et nos législateurs, préludant au grand œuvre de leur première constitution, n'eurent garde de rien changer au mode d'administration qu'elles s'étaient tracé, de licencier leurs forces illégalement armées, de balancer leur autorité d'une manière quelconque, de les lier l'une à l'autre, et toutes ensemble au corps entier de l'Etat, de les assujettir, enfin, à la puissance royale, sauve-garde principale, alors comme aujourd'hui, des grands intérêts généraux.

La France fut partagée en quatre-vingt-trois départemens; chaque département en districts, chaque district en cantons, chaque canton en plusieurs communes.

Il y eut des administrations de département, des administrations de district, des administrations municipales. Toutes furent composées de plusieurs membres, et tous leurs membres furent éligibles, et devaient être renouvelés en tout ou en partie, après un certain temps d'exercice.

Tout citoyen actif concourait aux élections; et par ces mots *citoyen actif*, on désignait tous ceux qui, âgés de vingt-cinq ans, payaient une contribution directe de la valeur de trois journées de travail, pourvu qu'ils ne fussent point en état de domesticité, de faillite ou de déconfiture.

Ils étoient appelés à former les assemblées primaires. Celles-ci nommaient les électeurs : ils étaient pris dans chaque canton parmi les citoyens éligibles; et tout citoyen actif l'était, pourvu qu'il payât une contribution directe égale à la valeur de dix journées de travail.

Les électeurs se réunissaient alternativement dans les chefs-lieux des différens districts de chaque département : ils nommaient d'abord les députés à l'assemblée nationale, et ensuite les membres des administrations de département et de district.

Les officiers municipaux étaient élus par les assemblées primaires; ils étaient pris parmi les éligibles. Leur nombre variait depuis trois jusqu'à vingt-un, y compris le maire, selon la population des communes abandonnées à leurs soins. La ville de Paris eut des règlemens particuliers. Un procureur-syndic éligible fut donné à chaque municipalité; il avait un substitut, dans les villes qui comptaient plus de dix mille âmes.

Un nombre de notables élus, double de celui des membres du corps commun, formait avec lui le conseil-général de la commune, appelé à délibérer sur les affaires importantes.

Chaque corps municipal composé de plus de trois membres (1) était divisé en conseil et en bureau. Le bureau se composait du tiers des officiers municipaux, y compris le maire. Les deux autres tiers formaient le conseil.

Les membres du bureau étaient choisis tous les ans par le corps municipal : ils pouvaient être réélus, mais une fois seulement. Le maire restait en exercice deux ans; les citoyens avaient le droit de le réélire; mais après une

---

(1) La gradation était de trois à neuf.

période de quatre années, il devait être remplacé, et ce n'était qu'après un intervalle de deux ans que l'on avait le droit de rappeler aux mêmes fonctions le même individu.

Celles des corps municipaux leur étaient propres ou déléguées par l'administration générale : les premières étaient exercées par eux, sous la *surveillance et l'inspection* des assemblées administratives; les autres l'étaient sous l'*autorité* des mêmes assemblées.

Celles-ci pouvaient s'étendre à la répartition de la contribution directe et à sa perception, à la direction immédiate des travaux publics dans le ressort de chaque municipalité, à la régie immédiate aussi des établissemens d'utilité générale, à la surveillance des propriétés publiques, à l'inspection directe des travaux de réparations, ou reconstruction des églises, presbytères, et autres objets relatifs au service du culte religieux.

Celles qui leur étaient propres consistaient dans le règlement des revenus communs des villes, bourgs, paroisses et communautés, dans la direction et la surveillance des travaux à la charge de chaque commune, dans l'administration des établissemens qui leur appartenaient, ou qui étaient particulièrement destinés aux usages de leurs habitans, dans le soin de les faire jouir des avantages d'une bonne police, notamment de la propreté, de la salubrité, de la tranquillité dans les rues, lieux et édifices publics.

Le conseil-général devait être consulté sur les acquisitions et aliénations d'immeubles; sur les impositions extraordinaires pour dépenses locales; sur les emprunts à faire, les travaux à entreprendre, l'emploi des prix des ventes, les remboursemens ou recouvremens, les procès à intenter et ceux à soutenir.

Les procureurs-syndics n'avaient point voix délibérative dans le corps municipal : ils n'étaient chargés que de défendre les intérêts, et de poursuivre les affaires des communautés.

Les municipalités avaient le droit de requérir leur garde nationale, pour l'exécution des ordres qu'elles donnaient dans leurs attributions.

Plus tard, une foule de dispositions particulières les augmenta étrangement. Nous ne nous arrêterons point à les détailler. Ce que nous avons dit nous paraît suffisant pour faire ressortir les vices de tout cet échafaudage administratif, et les principes démocratiques qui lui servaient de base. Les dernières classes de la société étaient appelées à la régie des affaires publiques : insensiblement, elles y introduisirent l'anarchie la plus complète.

Ces institutions singulières présentèrent d'abord l'attrait de la nouveauté : elles furent accueillies avec une sorte d'enthousiasme. La fête de la fédération fut inventée comme pour mettre le sceau aux travaux des législateurs de 1789. Le jour en fut fixé à l'anniversaire du 14 juillet : la pompe en fut imposante. La vaste enceinte du Champ-de-Mars lui servit de théâtre.

Le roi, les membres de l'Assemblée, les députés des départemens, trois cent mille citoyens y jurèrent, sur l'autel de la patrie, le maintien d'une Constitution qui n'était encore qu'ébauchée, et ce serment fut répeté le même jour d'un bout de la France à l'autre.

Dans cette Constitution, au moins, se trouvait encore le nom du roi ; le temps était proche où ce titre sacré disparaîtrait, où celui qui en était revêtu serait sacrifié à son tour !

Qui de nous n'a présens à la mémoire les évènemens affreux qui suivirent cette fête étonnante, et anéantirent la monarchie ?

Laissons au burin de l'histoire le soin d'en transmettre à la postérité le tableau déchirant. Quelles leçons terribles pourront y trouver un jour les peuples et les rois! Fasse le Ciel qu'elles ne soient point perdues pour les contemporains !!!

CHAPITRE III.

Révolutions du pouvoir municipal, jusqu'au 18 brumaire an VIII (9 novembre 1799).

Les lois municipales que nous avons analysées dans le chapitre précédent, se maintinrent tant que dura l'épouvantable agonie de la vieille France, qu'elles contribuèrent à précipiter; elles se maintinrent encore jusqu'à ce que la mort des assassins qui s'étaient élevés sur ses débris sanglans, et la lassitude du peuple, amenèrent l'établissement d'un gouvernement informe, à la vérité, mais auquel on pouvait pourtant trouver un nom.

Une assemblée législative avait remplacé l'Assemblée constituante; elle périt à son tour, victime de ses propres fureurs, après avoir renversé le trône, et incarcéré son roi; elle périt noyée dans le sang qu'elle n'avait point empêché de verser; elle périt laissant pour lui succéder le monstre hideux qu'elle avait associé à l'empire....., le jacobinisme.

Ce monstre devint l'âme d'une assemblée

nouvelle, qui, sous le titre de *Convention nationale*, détruisit tout ce qui restait à détruire, et ne craignit point d'égorger les augustes captifs de la tour du Temple, d'attaquer Dieu dans son sanctuaire, d'abolir son culte et ses fêtes, et d'élever des autels à la Raison..... A la Raison, grand Dieu!...... La Raison de 1793!.... Quelle divinité!

Enfin, il expira, gorgé de crimes, après être parvenu à l'impossibilité d'en inventer encore, léguant au peuple français une constitution nouvelle, dont, fort heureusement, il n'était qu'en partie l'auteur.

La division de la France par départemens y fut maintenue, les districts furent supprimés, les départemens se subdivisèrent en cantons, et les cantons en communes.

Il fut établi dans chaque département une administration centrale, et dans chaque canton une administration municipale au moins.

Nous transcrivons littéralement les articles régulateurs de leur organisation :

ART. 8 de la Constitution.

« Tout homme né et résidant en France, « qui, âgé de vingt-un ans accomplis, s'est « fait inscrire sur le registre civique de son

« canton, qui a demeuré depuis pendant une « année sur le territoire de la république, et « qui paie une contribution directe foncière « ou personnelle, est citoyen français.

ART. 9.

« Sont citoyens, sans aucune condition de « contributions, les Français qui auront fait « une ou plusieurs campagnes pour l'établis- « sement de la république.

ART. 10.

« L'étranger devient citoyen français, lors- « qu'après avoir atteint l'âge de vingt-un ans « accomplis, et avoir déclaré l'intention de se « fixer en France, il y a résidé pendant sept « années consécutives, pourvu qu'il y paie « une contribution directe, et qu'en outre il « y possède une propriété foncière, ou un « établissement d'agriculture ou de commerce, « ou qu'il y ait épousé une Française.

ART. 11.

« Les citoyens français peuvent seuls voter « dans les assemblées primaires, et être ap- « pelés aux fonctions établies par la Cons- « titution.....

ART. 27.

« Elles (les assemblées primaires) s'assem-
« blent de plein droit le 1er germinal de chaque
« année, et procèdent, selon qu'il y a lieu, à
« la nomination :

« 1°. . . . .

« 2°. . . . .

« 3° Du président de l'administration muni-
« cipale du canton, ou des officiers munici-
« paux, dans les communes au-dessous de
« 5000 habitans.

ART. 28.

« Immédiatement après ces élections, il se
« tient, dans les communes au-dessous de
« 5000 habitans, des assemblées communales
« qui élisent les agens de chaque commune et
« leurs adjoints ....

« . . . .

ART. 30.

« Les assemblées, soit primaires, soit com-
« munales, ne font aucune autre élection que
« celles qui leur sont attribuées par l'acte
« constitutionnel.

ART. 31.

« Toutes les élections se font à scrutin « secret.

« . . . .

ART. 41.

« Les assemblées électorales élisent selon « qu'il y a lieu.

« § 4. . . . .

« Les administrateurs de départemens;

« . . . .

« . . . .

ART. 174.

« Il y a dans chaque département une ad- « ministration centrale, et dans chaque canton « une administration municipale au moins.

ART. 175.

« Tout membre d'une administration dé- « partementale ou municipale, doit être âgé « de vingt-cinq ans au moins.

ART. 176.

« L'ascendant et le descendant en ligne di- « recte, les frères, l'oncle et le neveu, et les

« alliés au même degré, ne peuvent simulta-
« nément être membres de la même adminis-
« tration, ni s'y succéder qu'après un inter-
« valle de deux ans.

ART. 177.

« Toute commune dont la population s'é-
« lève depuis 5000 habitans jusqu'à 10,000, a
« pour elle seule une administration......
« ....

ART. 179.

« Il y a dans chaque commune dont la po-
« pulation est inférieure à 5000 habitans, un
« agent municipal et un adjoint.

ART. 180.

« La réunion des agens municipaux de
« chaque commune forme la municipalité du
« canton.

ART. 181.

« Il y a de plus un président de l'adminis-
« tration municipale, choisi dans tout le
« canton.

ART. 182.

« Dans les communes dont la population

« s'élève de 5 à 10,000 habitans, il y a cinq « officiers municipaux, sept depuis 10,000 « jusqu'à 50,000, neuf depuis 50,000 jusqu'à « 100,000.

« Art. 183.

« Dans les communes dont la population « excède 100,000 habitans, il y a au moins trois « administrations municipales.

« Dans ces communes, la division des mu- « nicipalités se fait de manière que la popu- « lation de l'arrondissement de chacune n'ex- « cède pas 50,000 individus, et ne soit pas « moins de 30,000.

« La municipalité de chaque arrondissement « est composée de sept membres.

Art. 184.

« Il y a dans ces communes divisées en plu- « sieurs municipalités, un bureau central pour « les objets jugés indivisibles par le Corps « législatif.

« Ce bureau est composé de trois mem- « bres nommés par l'administration du dé- « partement, et confirmés par le pouvoir « exécutif.

ART. 185.

« Les membres de toute administration mu-
« nicipale sont nommés pour deux ans, et
« renouvelés chaque année par moitié ou par
« partie la plus approximative de la moitié, et
« alternativement par la fraction la plus forte
« et par la fraction la plus faible.

ART. 186.

« Les administrateurs de département et
« les membres des administrations munici-
« pales peuvent être réélus une fois sans in-
« tervalle.

ART. 187.

« Tout citoyen qui a été deux fois de fait
« élu administrateur de département ou mem-
« bre d'une administration municipale, et qui
« en a rempli les fonctions en vertu de l'une
« et de l'autre élections, ne peut être élu de
« nouveau qu'après un intervalle de deux
« années.

ART. 188.

« Dans les cas où une administration dé-
« partementale ou municipale perdrait un ou
« plusieurs de ses membres, par mort, démis-

« sion ou autr ment, les administrateurs res-
« tant peuvent s'adjoindre en remplacement
« des administrateurs temporaires, qui exer-
« cent en cette qualité jusqu'aux élections
« suivantes.

ART. 189.

« Les administrations départementales et
« municipales ne peuvent modifier les actes
« du Corps législatif ni ceux du Directoire
« exécutif, ni en suspendre l'exécution; elles
« ne peuvent s'immiscer dans les objets dé-
« pendant de l'ordre judiciaire.

ART. 190.

« Les administrateurs sont essentiellement
« chargés de la répartition des contributions
« directes et de la surveillance des deniers
« provenant dès revenus publics dans leur
« territoire.

« Le Corps législatif détermine les règles
« et le mode de leurs fonctions, tant sur les
« objets que sur les autres parties de l'admi-
« nistration intérieure.

ART. 191.

« Le Directoire exécutif nomme auprès de

« chaque administration départementale et « municipale, un commissaire qu'il révoque, « lorsqu'il le juge convenable : ce commissaire « surveille, et requiert l'exécution des lois.

ART. 192.

« Le commissaire près de chaque adminis- « tration locale doit être pris parmi les citoyens « domiciliés depuis un an dans le département « où cette administration est établie.

« Il doit être âgé de vingt-cinq ans au moins.

ART. 193.

« Les administrations municipales sont su- « bordonnées aux administrations de départe- « ment, et celles-ci aux ministres.

« En conséquence, les ministres peuvent « annuler, chacun dans sa partie, les actes « des administrations de département, et cel- « les ci les actes des administrations munici- « pales, lorsque ces actes sont contraires aux « lois ou aux ordres des autorités supérieures.

ART. 194.

« Les ministres peuvent aussi suspendre les « administrateurs de département qui ont con- « trevenu aux lois ou aux ordres des autorités

« supérieures, et les administrations de dépar-
« tement ont le même droit à l'égard des mem-
« bres des administrations municipales.

ART. 195.

« Aucune suspension ni annulation ne de-
« vient définitive sans la confirmation for-
« melle du Directoire exécutif.

ART. 196.

« Le Directoire peut aussi annuler immé-
« diatement les actes de l'administration dé-
« partementale ou municipale;

« Il peut suspendre ou destituer immédia-
« tement, lorsqu'il le croit nécessaire, les
« administrateurs, soit de département, soit
« de canton, et les envoyer devant les tribu-
« naux de département, lorsqu'il y a lieu.

ART. 197.

« Tout arrêté portant cassation d'actes, sus-
« pension ou destitution d'administrateur, doit
« être motivé.

ART. 198.

« Lorsque les cinq membres d'une admi-
« nistration départementale sont destitués,

« le Directoire exécutif pourvoit à leur rem-
« placement jusqu'à l'élection suivante; mais
« il ne peut choisir leurs suppléans provisoires
« que parmi les anciens administrateurs du
« même département.

ART. 199.

« Les administrateurs, soit de département,
« soit de canton, ne peuvent correspondre
« entre eux que sur les affaires qui leur sont
« attribuées par la loi, et non sur les intérêts
« généraux de la république.

ART. 200.

« Toute administration doit annuellement
« le compte de sa gestion; les comptes rendus
« par les administrateurs de département sont
« imprimés.

ART. 201.

« Tous les actes des corps administratifs
« sont rendus publics par le dépôt des regis-
« tres où ils sont consignés, et qui est ouvert
« à tous les administrés.

« Ce registre est clos tous les six mois, et
« n'est déposé que du jour qu'il a été clos.

« Le Corps législatif peut proroger, selon

« les circonstances, les délais fixés pour le
« dépôt. »

Il n'est personne qui ne reconnaisse dans les dispositions qu'on vient de lire, une grande incohérence d'idées.

On juge au premier coup d'œil que les hommes qui les ont conçues ne les ont point émises sans méfiance.

On croirait, dès l'abord, qu'ils vont laisser aux communes une liberté sans borne; et, en effet, tous les citoyens sont appelés à concourir aux élections; et il est vrai de dire que tous les employés de l'administration publique, depuis les grades les plus élevés jusqu'aux plus subalternes, ne sont que des délégués du peuple souverain; mais bientôt les auteurs d'un pareil système reculent, comme épouvantés, devant leur propre ouvrage, et resserrent dans les bornes étroites du ressort de chacune, l'action de tous les corps administratifs.

Il leur est interdit de correspondre entre eux; leur assujettissement au Directoire exécutif est le plus asservissant qu'il soit possible d'imaginer; à chaque instant ils ont à craindre sa censure, et sa volonté, motivée à la vérité, mais bien ou mal, n'importe, peut suspendre ou destituer tout d'un coup les officiers municipaux de toutes les communes de France.

Que l'on remarque, d'ailleurs, que la plupart des ressorts de cette vaste machine sont lâches ou distendus, qu'il en est un grand nombre d'inutiles, et qui en embarrassent le jeu.

Toutefois, on est forcé de convenir que cette partie de l'acte constitutionnel renferme, éparses çà et là, quelques données utiles, quelques vues profondes, quelques mesures marquées au coin de la sagesse.

Ce fut une heureuse conception que celle des administrations cantonales, composées des agens des communes, et se réunissant sous la présidence d'un magistrat élu pour tout le canton : elle est digne d'être méditée.

Cette institution d'un commissaire du gouvernement chargé de requérir auprès de l'autorité municipale et de surveiller l'exécution des lois et des décrets de la haute autorité constituée ;

La création d'un bureau central dans les grandes communes divisées en plusieurs arrondissemens ; la défense aux administrations communales et départementales de modifier les actes du Corps législatif, et d'en suspendre l'exécution; celle de s'immiscer dans les objets dépendant de l'ordre judiciaire, présentent tous les caractères de la prudence, et ne demandaient que de plus amples développemens, sous certains rapports, quelques restrictions sous certains autres, des règles mieux combinées, en général, la sanction, enfin, d'une autorité légitime.

Mais quel vide dans le règlement des attributions des corps municipaux! Rien n'est spécialisé, rien n'est déterminé à cet égard, et la Constitution renvoie pour cet objet à la discussion des lois subséquentes, qui pourront tout dénaturer, selon la disposition des esprits à l'époque où elles seront décrétées.

Tout doit être prévu dans une loi fondamentale, parce que, si elle est bonne, elle doit être éternelle. La durée, la sûreté, la tranquillité, le bonheur des peuples en dépendent. L'inconstance des hommes est la cause de toutes les révolutions, et les lois fondamentales sont principalement destinées à opposer une résistance perpétuelle et invincible aux effets de cette inconstance. Eh bien, l'inconstance était au contraire favorisée, mise en principe, mise en action continuelle par cette Constitution de l'an III.

En effet, le renouvellement annuel et périodique de partie des membres de toutes les administrations, devait y introduire chaque fois des hommes nouveaux, des idées nouvelles, par conséquent, et, par la même raison, la plus funeste mobilité.

Le mal eût été moins grand, s'il n'avait atteint que l'administration municipale; soumise à la direction des grands corps de l'Etat, elle en aurait suivi le mouvement; mais les chambres législatives, mais le Directoire luimême n'en étaient pas exempts.

Un gouvernement qui n'a qu'une telle Constitution manque par sa base, et dès lors sa durée ne peut être qu'éphémère. Aussi vit-on celui de la France, à cette époque, sans cesse vacillant dans sa marche, sans attitude et sans fixité, balloté par tous les partis, se traîner péniblement jusqu'au 18 fructidor (4 septembre 1796), jour auquel « une catastrophe « cruelle vint détruire un repos mal affermi, « une Constitution sans force, et surtout sans « prévoyance (1). »

---

(1) Lacretelle, *Introduction à l'histoire du Directoire*. (La journée du 18 fructidor préluda au fameux décret de déportation.)

Vainement il se survit encore, en quelque sorte, pendant un ou deux ans : il ne fait plus que rouler d'abîmes en abîmes.

L'anarchie renaît, la guerre civile se rallume; le désordre des finances, la confusion des lois, le choc des partis épouvantent les hommes paisibles, véritablement amis de la patrie; le jacobinisme, comme un fantôme effrayant, leur apparaît et les trouble; leur imagination épouvantée fait un triste retour vers les horreurs de 92 et 93.

Tout à coup le bruit se répand qu'un jeune héros, que l'on croyait luttant sur les bords du Nil contre les mameluks et la peste, est débarqué à Fréjus : toutes les terreurs se dissipent; il devient à l'instant et la cause et l'objet de toutes les espérances. En peu de jours il les justifie; et si le 18 brumaire (9 novembre 1799) n'est point, à proprement parler, son ouvrage, c'est au moins lui qui l'a préparé.

CHAPITRE IV.

Des communes, et du pouvoir municipal sous le consulat et l'empire.

Buonaparte eut assez de génie pour sauver la France de ses propres fureurs; il n'eut point assez de vertu pour rendre aux descendans de nos rois le précieux héritage de leurs pères.

Il fut aisé de reconnaître d'abord qu'il dédaignait la gloire de Monck (1), et sa politique servit admirablement son ambition.

On le voit, aux premières époques de sa vie, s'acheminer insensiblement vers le trône. Si d'une part il manifeste toutes les méfiances d'un usurpateur, il déploie de l'autre toutes les ressources d'un homme habile; il ne veut voir que par lui-même, et sans cesse il est occupé d'attirer à lui toutes les attributions du pouvoir.

---

(1) M. l'évêque d'Hermopolis, *Oraison funèbre de Louis XVIII.*

De là cette funeste centralisation qui fut son ouvrage, et que depuis la restauration on laisse subsister encore.

Vainement commence-t-il par conserver à son gouvernement les formes républicaines; il n'a d'autre but alors que de séduire la multitude, et sa fameuse constitution de l'an VIII n'est qu'un piége tendu à ses contemporains.

Cependant il a fasciné tous les yeux; nul n'aperçoit les premières traces du despotisme dans la loi du 28 pluviose par laquelle il réorganise l'administration municipale.

Dès cet instant, les communes perdent toutes leurs prérogatives; elles n'ont plus d'existence propre, et dès-lors plus de volonté. Toutes les créations de la constitution de l'an III sont anéanties; plus d'administrations départementales, plus d'administrations cantonales, plus d'agens municipaux, plus d'assemblées primaires, plus d'élections surtout, si ce n'est pour les membres du Corps législatif, et quelles élections encore!

La division du territoire est maintenue; mais c'est un préfet nommé par le premier consul qui est mis à la tête de l'administration départementale; des sous-préfets nommés par le premier consul, sont établis dans les arrondissemens communaux; des maires et des adjoints nommés par le premier consul ou ses préfets (1), sont imposés aux communes; elles ont des conseils municipaux; mais dans quel but? leurs membres sont nommés par le premier consul ou ses agens (2).

Dans chaque arrondissement doit siéger un conseil d'arrondissement; dans chaque département un conseil général; le choix des individus composant l'un et l'autre appartient au premier consul; en un seul mot, c'est lui qui dispose de tout, et c'est bien lui qui peut dire avec vérité :

Sic volo, sic jubeo; sit pro ratione voluntas.

C'est ainsi qu'en feignant d'organiser le pouvoir municipal, il le détruit dans son principe, et que, sous le prétexte de prêter aux communes l'appui d'une bienfaisante curatelle, il les asservit indignement.

---

(1) Les préfets devaient nommer aux mairies des communes au-dessous de 5000 âmes. Celles-ci ne devaient avoir qu'un adjoint.

(2) Leurs conseillers municipaux sont nommés par le préfet.

Tout à coup, non content de dominer les choses par les personnes, tremblant encore au faite de la puissance et de la grandeur, il s'attache à museler ses satellites eux-mêmes ; il ne cherche qu'à les entraver dans leur marche, il ne voudrait employer que des androïdes.

Tout son système d'administration publique, ouvrage admirable sans contredit, lorsqu'on ne considère que le but qu'il se proposait, la plus insupportable tyrannie, n'était qu'une vaste machine, dont tous les rouages s'engrenant les uns dans les autres, recevaient le mouvement d'un ressort unique, et ce ressort c'était lui.

Aussi tous ses ministres et leurs subordonnés ne furent pas seulement astreints à l'obéissance la plus passive, ils durent encore cesser d'avoir des vues personnelles, et ceux qu'il préposa au gouvernement des communes furent principalement rangés dans cette catégorie.

Esclaves dans toute la force du terme, ils ne purent faire un pas dans la carrière qui s'ouvrait devant eux, sans avoir long-temps sollicité et obtenu tantôt l'approbation du préfet, tantôt celle du chef de l'Etat.

Le moindre projet conçu par eux dans l'intérêt de leurs concitoyens, lorsqu'il n'était qu'à peine éclos, dut être soumis à la censure de l'autorité départementale. La délibération du conseil municipal fut en effet un préalable de rigueur à tout commencement d'exécution d'une opération quelconque, et le maire fut contraint à demander la permission de convoquer cette assemblée, toutes les fois qu'il dut y développer une proposition. Or, cette permission, il ne pouvait l'obtenir qu'autant qu'il indiquait l'objet de la convocation dans la demande qu'il en faisait. N'était-ce pas constituer le magistrat auquel il devait s'adresser, le premier juge, le juge unique de ses desseins?

Certes, que l'on eût assimilé les communes à des mineurs; que l'on eût assimilé aux fonctions d'un tuteur celles des officiers chargés de leurs affaires, c'était là une salutaire idée; mais le principe admis, il fallait admettre aussi les conséquences.

Un tuteur administre à la charge de rendre compte; l'autorisation du conseil de famille lui suffit, si ce n'est pour des actes extraordinaires, tels que l'aliénation des immeubles de ses pupilles. N'était-il pas bien naturel que les maires jouissent de la même liberté dans les mêmes circonstances? que, pour les actes d'administration simple, l'autorisation du conseil municipal, qui ne devrait être considéré que comme le conseil de famille de la commune, pût leur suffire? n'était il pas naturel qu'ils eussent le droit d'en réunir les membres autour d'eux sans une autorisation d'une autre espèce, lorsqu'ils en auraient eu besoin? La raison répondait : oui; l'ombrageux despotisme dit : non.

Le pouvoir municipal l'inquiétait, il fallait bien l'anéantir, et les combinaisons du despote furent justes. Il n'eut, pour réussir dans ses vœux qu'à le concentrer dans la personne de ses préfets. Délégués et salariés par lui, ils ne durent agir que sous son influence et d'après ses ordres, ou bien renoncer aux honneurs, à la fortune, à ses bonnes grâces, se retirer, vivre inutiles, ignorés, heureux encore si la retraite la plus obscure leur servait d'abri contre les traits de son indignation, quand par malheur ils l'avaient encourue!

Nous n'aurons garde d'entrer ici dans le détail de toutes les formalités obligées à l'aide desquelles il parvint à paralyser le zèle des maires les plus actifs, et que l'on pourrait extraire des cinq ou six cents lois, décrets, arrêtés du conseil d'Etat, décisions ministérielles, etc., intervenus sur cette matière; elles sont aussi embarrassantes, aussi nombreuses qu'inutiles.

Par exemple, supposons les murs d'un cimetière à reconstruire; évidemment il y a urgence, l'asile des morts est sans clôture. Cependant les revenus de la commune ont, aux termes du budget, reçu une autre destination; ils sont d'ailleurs insuffisans; il faut donc recourir à quelques-uns des moyens indiqués pour faire face à de pareils besoins. Choisissons le plus simple : c'est une imposition extraordinaire.

Pour y parvenir, sous la législation de Buonaparte, le maire devait d'abord, par son procès-verbal, constater la nécessité de la dépense, et solliciter l'autorisation de réunir le conseil municipal. Pour aller vîte, il devait joindre à sa demande un plan des lieux, et le devis estimatif des ouvrages à exécuter. Le préfet, s'il approuvait le tout, permettait la convocation du conseil, auquel devaient s'adjoindre les plus fort imposés de la commune, en nombre égal à celui de ses membres. Dans cette assemblée, l'impôt était voté; la délibération était soumise à l'approbation du préfet; si son arrêté était favorable, un rôle était dressé par les soins du maire, un nouvel arrêté du préfet pouvait seul le rendre exécutoire; il était remis au percepteur chargé d'en opérer le recouvrement, et l'on mettait la main à l'œuvre.

Que de lenteurs! que de puissances employées! que de précautions prises pour faire bâtir quelques toises de mur, sans lequel le champ du repos éternel était ouvert à toutes les profanations! Et cependant, nous l'avons dit, une opération de cette nature était une des plus simples et des plus faciles. Serait-il donc vrai que l'on n'eût eu d'autre intention que celle d'abreuver de dégoûts les gens de bien qui se dévouaient à rendre quelques services dans l'administration municipale, de les réduire à l'inaction, et de justifier par le fait cette maxime qu'on osa mettre en avant : *Le meilleur maire est celui qui ne fait rien!* Ceux qui ne l'ont pas vu auront peine à le croire, on était parvenu à atteindre ce résultat. Les fonctions municipales n'étaient que des *sinecures*, les officiers qui en étaient revêtus n'avaient que des cadres à remplir : le ministre les expédiait aux préfectures, les préfectures aux mairies; le texte en était imprimé; il ne fallait plus, dans chaque colonne, que s'y conformer servilement : il en restait une seule; c'était celle des observations; mais elle devait retourner toujours nette, ou bien garnie de guillemets : et, chose bien plus étonnante encore, on avait fini par envoyer aussi aux conseils municipaux des délibérations toutes faites, également imprimées, sur lesquelles il ne manquait que la signature des membres censés les avoir prises.

Nous nous apercevons d'une erreur; nous racontons toutes ces choses, comme si elles étaient déjà bien loin de nous; nous aurions raison, si les vices et les ridicules dont nous venons d'esquisser le tableau avaient disparu avec les causes qui les produisirent. Les siècles du consulat et de l'empire sont si singuliers, que notre imagination étonnée ne consent à nous les montrer que de loin, ou, plus exactement, le souvenir qui nous en reste est semblable à celui d'un songe pénible, quoique brillant.

Combien d'évènemens encore ont succédé à ceux de cette époque, et qui déjà n'appartiennent qu'à l'histoire!

La Providence a ménagé le plus étrange retour; celui dont elle avait fait son instrument a été brisé par elle : les souverains légitimes de cette belle France ont repris possession de leur trône; un gouvernement de paix et de bonheur, de confiance et d'amour a succédé à la tyrannie militaire de Napoléon, et son système subsiste! et l'organisation municipale est restée la même! et lorsqu'on a voulu s'occuper d'en corriger les défauts, qu'a-t-on fait? Rien, que de montrer de plus en plus combien les plus légers sacrifices faits à la liberté bien entendue des peuples, coûtent aux hommes revêtus du pouvoir, quelle que soit, ou quelle qu'ait été d'ailleurs leur opinion personnelle.

Nous avons vu, en 1821, le ministre de l'intérieur présenter aux Chambres un projet de loi sur l'organisation municipale.

Annoncé en 1816, par M. Laîné, vainement attendu depuis, il a paru, et n'a satisfait personne: et comment pouvait-il en être autrement?

On ne reconnaît dans aucune de ses dispositions, la combinaison de ces grands principes d'ordre public qui présidèrent à la formation des sociétés premières, principes qu'avouait le ministère dans l'exposé des motifs de ce projet avorton (1), et qu'il aurait

---

(1) Voir les motifs, dans les *Moniteurs* de cette époque.

dû regarder, par conséquent, comme la base principale de l'édifice à élever.

On n'y retrouve partout, et dans ce qui y est réglé, et dans les lacunes préméditées (1) qu'il présente, que l'empreinte de la peur. On dirait que ses auteurs ont fui devant l'ombre de nos libertés, comme à l'aspect d'un fantôme effrayant; et si, par hasard, on les surprend offrant quelques sacrifices à cette divinité bienfaisante, on est forcé de reconnaître bientôt que leurs hommages sont contraints, et que leur culte est hypocrite.

Parlons sans figures : le projet du gouvernement laissait subsister en masse tout ce qui existait déjà. Le choix des principaux fonctionnaires des communes continuait d'appartenir exclusivement ou aux ministres ou aux préfets, selon une distinction assez singulière

---

(1) Ces lacunes sont préméditées, et l'exposé des motifs du projet de loi l'établit jusqu'à l'évidence.

« Quant aux attributions des conseils municipaux « d'arrondissement et de département, nous avons « pensé, après une mûre délibération, qu'il y aurait « autant d'*inconvéniens* que de *difficultés* à présenter « un code complet de ces attributions. » (*Discours de M. Siméon, à la tribune des députés.*)

entre les diverses communes de France, dont les unes, dites *urbaines*, avaient le privilége de recevoir leurs maires de plus haut que les autres, appelées *rurales*.

Seulement, une sorte d'assemblée électorale présidait à la nomination des membres des conseils municipaux; une assemblée électorale d'une autre espèce présentait des candidats pour les places de conseillers d'arrondissement, et une autre encore, différente de celle-ci, jouissait de la même prérogative pour celle des membres du conseil-général.

Mais, afin d'obvier tout de suite aux dangers, probablement sans nombre, de ces immenses concessions faites à l'opinion publique, la loi ne déterminait aucune des attributions qui devaient être du ressort de ces divers conseils. On se réservait d'y pourvoir plus tard, selon l'exigence des cas. « Ils feront quelque chose, ou ils ne feront rien, se disait-on tout bas, en raison de leur plus ou moins grande soumission à nos volontés suprêmes. »

Nous n'examinerons point en détail les articles divers de cette étrange conception du gouvernement de cette époque. Elle ne fit que voir le jour, et, en y renonçant sans discussion, ceux qui l'avaient produite la condamnèrent sans appel.

Des orateurs célèbres (1), des publicistes distingués (2) se donnèrent la peine de l'approfondir. Leurs opinions sont différentes; mais, quoique par des motifs différens aussi, ils se prononcent tous contre un projet qui n'aurait eu pour résultat, s'il fût devenu loi, que d'éterniser ainsi l'une des plaies les plus profondes de l'Etat.

Depuis lors, on a cessé de s'occuper des intérêts des communes, ou du moins on n'a fait pour elles que peu de choses. Nous en sommes restés au point où nous avait laissés la retraite de Buonaparte. On a suivi ses erremens, on s'est traîné péniblement, dans une monarchie constitutionnelle, sur les traces du despotisme le plus absolu. Peut-être, dans un temps, était-il vrai de dire que, façonnés à ses allures, nous n'étions point disposés encore à suivre une impulsion nouvelle; mais si le ministère était fondé à croire, en 1823, que l'état actuel de la société s'opposait à l'établissement des institutions que l'on ne cesse de

---

(1) MM. Lanjuinais et Kératry.

(2) MM. Fiévée et de Barante.

réclamer, *parce qu'une partie de la France voudrait ce que l'autre ne voudrait pas* (1). Voyons si, cinq ans écoulés, l'état de la société ne permet pas enfin de s'en occuper utilement, et de réparer les désordres que M. de Villèle, encore simple député, retraçait avec tant d'énergie dans la séance du 13 semptembre 1815 (2).

---

(1) Expressions de M. de Villèle, à la tribune des députés, séance du 3 avril 1823.

(2) « Nos administrations municipales et départe-« mentales, disait-il, ont été dépouillées de toute in-« fluence et de toute attribution.

« Mais quels sont les résultats de cette centralisation « de fonds et de pouvoirs? Les affaires absorbent tel-« lement tout le temps des ministres, qu'ils n'ont pas « celui de concevoir et de combiner aucune améliora-« tion; le torrent les emporte, leurs bureaux sont plus « puissans qu'eux-mêmes; et cette autorité si malheu-« reusement enlevée à nos conseils de ville, de com-« mune, d'arrondissement, de département, nous avons « la douleur de la voir exercée par des commis subal-« ternes. . . . . Nos plus petites dépenses ne « peuvent être acquittées que sur une ordonnance du « ministre, laquelle est plus ou moins attendue, selon « la situation du Trésor, qui doit y satisfaire.

« Pour les réparations les plus urgentes de nos bâti-« mens publics, il faut d'abord un état et un devis « dressé sur les lieux, puis corrigé à Paris, puis l'ap-

« probation du ministre, puis enfin l'ordonnance pour « avoir les fonds. L'édifice est souvent dégradé avant « que toutes ces formalités soient remplies. Eh! qu'il « nous soit permis d'employer notre argent à entrete- « nir ce qui nous appartient!!! En rompant ainsi les « liens qui nous unissent à notre commune, à notre « ville, à notre département, en tuant l'intérêt que « nous prenons à nos administrations secondaires, à « nos édifices, à nos chemins, à nos promenades, à « nos monumens, on achève d'anéantir parmi nous l'a- « mour si fortement ébranlé de la patrie, on détruit « l'esprit public, on achève de désunir, de démoraliser « la nation, on isole les Français les uns des autres. »

CHAPITRE V.

Dispositions des esprits en France, au moment où nous écrivons.

Dieu veut que tout cède ici-bas à l'influence des siècles. Après quatorze cents ans d'existence, la vieille monarchie française avait péri; mais une monarchie nouvelle a été enfantée, et tout le monde sait quelles furent les douleurs de cet enfantement.

La Providence avait tout prévu pour l'accomplissement de ses impénétrables desseins. A une époque rapprochée de celle destinée à être le témoin de tant de bouleversemens, elle avait fait naître un sage sur les marches du trône; il était envoyé pour le relever un jour, et il échappa aux fureurs de la tempête qui engloutit le dernier souverain de l'ancienne France, et l'ancienne France avec lui.

Pendant que la patrie était en travail de sa régénération, retiré sur une terre hospitalière, le prince-philosophe méditait, et son génie préparait la constitution qui conviendrait à son peuple rajeuni.

Lorsque les temps furent accomplis, il vint, comme escorté de toutes les puissances de la terre, porter à ses enfans son immortel ouvrage.

Divers partis subsistant alors, discutaient et ne s'entendaient pas. Le gouvernement constitutionnel n'était bien compris que par le roi, son auteur, et par quelques hommes privilégiés; la foule se précipitait vers deux extrémités également opposées. Insensiblement les soins et la sagesse du monarque instruisirent ses peuples dans la science de sa politique. Les partis flottans se rapprochèrent, le temps et la nécessité amortirent leur fureur. Il ne fallait plus, pour cimenter un accord général, qu'un de ces grands évènemens qui remuent fortement les âmes. Déjà l'assassinat d'un prince avait fait éclater l'amour de la nation pour tous les membres de l'auguste famille. Bientôt la Providence rappelle celui qui commença notre restauration. On se souvient de ce concours de gémissemens et de pleurs qui l'accompagnèrent dans la tombe; et si, à ses funérailles, la douleur de la France fut unanime, son enthousiasme ne le fut-il pas à l'avènement de ce roi-chevalier dont on admire la courtoisie et les grâces, chez lequel tout commande et la confiance et l'amour?

L'âge a mûri les brillantes qualités qui furent l'ornement de sa jeunesse. Instruit aussi à l'école du malheur, il veut que son gouvernement ne soit que la suite du gouvernement du feu roi; il n'a d'autre désir que celui d'achever son ouvrage, d'autre but que de mettre la législation en harmonie avec la Charte; et, sous son règne, le peuple français sort enfin de la révolution que Charles X termine, semblable à un beau jeune homme plein de vie et de force, capable des plus grandes entreprises, animé des plus généreux sentimens; libre, brave, bouillant, mais contenu par une autorité bienfaisante qu'il aime, et incapable de funestes écarts, parce qu'il est assujetti à une règle de conduite sévère, qui réprime la fougue de ses passions.

Tel est le peuple, au moment où nous traçons ces lignes.

Il chérit son roi, non seulement parce que ce prince est tout entier selon son cœur, mais encore parce que, descendant de cette longue suite d'aïeux qui régnèrent sur la France, Charles X eût hérité de la vieille monarchie comme il hérite de la nouvelle, par le seul droit de sa naissance, et que tous les efforts des factieux n'ont pu anéantir ce qui est indestructible..... la légitimité!

Mais en même temps qu'il chérit son roi, le peuple français est plein de vénération pour la Charte constitutionnelle, il bénit la mémoire de celui qui la lui octroya, et, comme le souverain qui l'a jurée, il en veut l'exécution franche et entière.

Si quelques amours propres froissés, quelques ambitions déçues, quelques souvenirs trop récens ont pu, durant plusieurs années, favoriser les projets de certains artisans de troubles, si l'esprit de parti s'est manifesté parfois, si de funestes divisions ont affligé les hommes dévoués à la patrie, c'en est fait, ces temps désastreux ont fui pour toujours, et la France ne présente plus sur tous les points que l'aspect paisible d'une grande famille unie dans l'amour de son chef, et à jamais ralliée à sa constitution.

Il est donc vrai de le dire, le peuple est tout ce qu'il faut qu'il soit, rempli de souvenirs, de confiance et d'espoir.

Vainement un petit nombre d'hommes fanatiques se font-ils remarquer encore par la violence de leurs discours, par l'exagération de leurs pensées; vainement quelques-uns cherchent-ils à fomenter des idées anarchiques et licencieuses, quelques autres à réveiller le souvenir des priviléges abolis. Assez long-temps ils ont fait des dupes. Les masses, immobiles devant eux, prennent en pitié leurs rêveries désordonnées.

D'un côté, l'on est aujourd'hui convaincu de l'impossibilité physique d'un retour, même momentané, vers un ancien ordre de choses incompatible avec l'esprit du siècle; de l'autre, la triste expérience d'une révolution si récente encore, hélas ! et si désastreuse, a guéri tous les cerveaux atteints de cette fièvre de républicanisme, qui d'une nation de héros avait fait une nation d'insensés. Or, c'est d'après l'opinion des masses qu'il faut juger du véritable état de l'opinion d'un grand peuple. Les deux partis que le despotisme de Buonaparte garrotta, et que sa chute remit en présence, sont rassasiées de divisions et de luttes. Ils ne respirent que la paix; et cette paix si douce ils la trouvent honorable pour tous, et dans la dynastie des Bourbons, et dans le pacte social que Louis XVIII nous a fait.

Ainsi, qu'on ne prétende plus que ce qu'une partie de la France voudrait, l'autre partie ne le voudrait pas. La France entière accueillera toujours avec joie le complément de ses institutions, pourvu que ce complément repose sur ces bases sacrées : le Roi et la Charte.

Que le ministère nouveau entre donc dans cette voie salutaire, et qu'il y entre sans arrière-pensée, bien décidé à ne s'en détourner jamais. Elle est large et facile; il n'y rencontrera point d'obstacles!

Qu'il songe que ces deux oppositions menaçantes qui effrayaient ses prédécesseurs dans les Chambres, entre lesquelles ils louvoyaient incertains, que long-temps ils caressèrent et repoussèrent tour à tour, contre lesquelles ils se roidirent plus tard, en s'appuyant sur un parti moyen qu'ils furent contraints de se faire à grands frais, et qui chaque jour leur échappait; que ces deux oppositions, long-temps discordantes, se tendent aujourd'hui la main; qu'on aurait peine à distinguer à leur langage leurs orateurs modérés, les seuls que leurs commettans avouent; que des deux parts on professe à peu près les mêmes doctrines; que les nuances des deux couleurs s'effacent; que les haines personnelles elles-mêmes s'éteignent, et vont se perdre dans la commune estime que ces hommes illustres qui tout à coup ont étonné le monde en lui révélant l'immense somme de talens que la France recelait dans son sein, se commandent les uns aux autres, et qu'enfin, cette grande vérité qu'il est impossible de concevoir en France, la Constitution sans le Roi, et le Roi sans la Constitution, domine seule désormais et enchaîne toutes les opinions.

L'instant, en effet, où cette vérité devait demeurer démontrée aux yeux de tous, était marqué pour être le terme de toutes nos dissensions civiles, et ce moment est venu, si ce n'est pour ceux chez lesquels la frénésie des passions éteint jusqu'à la plus faible lueur du bon sens; or, que ceux-là se comptent!

Le Roi et la Charte, ces deux mots renferment seuls tout le tableau de nos mœurs publiques, et voilà toute l'histoire de notre époque.

Mais cette organisation municipale selon la Charte, que tout le monde désire, qui ne trouve que des approbateurs, n'aura-t-elle dans ses résultats aucun inconvénient?

Une grande liberté laissée aux communes ne sera-t-elle pas dangereuse?

Non.

Non : parce que la liberté des peuples n'est dangereuse en général que lorsqu'elle peut dégénérer en licence.

Non, parce que l'espèce de liberté que l'on réclame pour les communes, ne saurait être exempte de ce frein salutaire qui doit les contenir dans de justes limites.

Non, parce que libres chacune dans leur sphère, les communes n'en seront pas moins soumises à la règle générale qui détermine le mouvement de toute la monarchie, semblables à ces planètes qui tournent autour d'elles-mêmes, et qui, liées au système du monde, suivent en outre l'impulsion que lui donna dès le commencement des siècles la volonté du Créateur.

Non, enfin, parce qu'une organisation des communes selon la Charte, suppose partout et constamment l'action et l'autorité du Roi; qu'une loi sur cette organisation ne sera bonne qu'autant qu'elle sera aussi monarchique que constitutionnelle; que la prérogative royale doit y demeurer entière, et que nos franchises municipales ne sauraient être incompatibles avec la force du gouvernement.

Ainsi, la difficulté n'est point dans l'admission du principe, mais seulement dans le développement des conséquences.

En peu de mots, la loi est nécessaire, le temps est opportun pour la proposer, les peuples sont disposés à la recevoir, il ne s'agit que de la bien faire.

CHAPITRE VI.

Définitions. — Principes. — Conséquences.

Si de l'origine des communes et du pouvoir municipal nous faisons ressortir des définitions exactes, nous les établirons ainsi qu'il suit :

La commune est une agrégation de familles appartenant à la même nation, résidant sur le même point de son territoire, liées par des intérêts communs qui résultent de la nécessité de leurs rapports entre elles.

Le pouvoir municipal est celui qui, de l'assentiment des familles composant la commune, est établi pour administrer les intérêts communs et les faire prévaloir contre les intérêts particuliers.

Il est donc évident que l'agrégation de plusieurs familles liées par des intérêts communs, forme un tout complet, un corps moral indépendant tant qu'il demeure isolé; mais il est évident, d'autre part, que puisque les agrégations diverses appartiennent à la nation, elles ne sont plus, considérées sous ce rapport, que des portions d'un autre tout, que des membres d'un autre corps moral, qui est l'Etat.

Les communes ont donc à la fois une existence propre et une existence subordonnée à celle de l'Etat, dont elles font partie. Par la même raison, si les intérêts communs doivent prévaloir sur les intérêts particuliers, les intérêts généraux doivent prévaloir sur les intérêts communs. Ainsi, le pouvoir chargé de l'administration municipale, essentiellement indépendant des intérêts particuliers, doit céder au pouvoir supérieur chargé de l'administration générale de l'Etat.

L'assentiment des familles dont l'agrégation forme la commune, n'est donc pas suffisant pour investir du pouvoir municipal les individus de leur choix. Assujetti à une autorité supérieure, il doit encore émaner d'elle.

Il faudra donc, pour le constituer, le concours de deux volontés, dont l'une est au-dessus de l'autre.

Suivant l'ordre naturel des choses, celle-ci peut faire des propositions; celle-là seule a le droit de les sanctionner.

Il nous semble que voilà de ces vérités qui se passent de démonstration, et qu'il est impossible de contredire...

Le nombre des familles liées par des intérêts communs peut être plus ou moins grand; le point du territoire habité par elles peut être plus ou moins étendu.

Il est certain qu'en prenant notre définition dans tout le sens qu'elle présente, le plus petit hameau en France est à lui seul une commune, un département entier n'est qu'une commune aussi.

Cette proposition, au premier coup-d'œil, a l'apparence d'une objection : dès qu'on réfléchit, l'objection disparaît, et la proposition reste.

En effet, le département et le hameau occupent les deux extrémités de la ligne que notre définition englobe, et le pouvoir municipal doit étendre son influence jusque sur ces deux extrémités opposées. D'une part, des intérêts communs existent réellement, mais ils divergent moins des intérêts particuliers; vers l'autre, on les retrouve encore; mais sur le point de se fondre dans les intérêts généraux.

Ici, par conséquent, l'action du gouvernement de l'Etat sera plus directe et plus grande; là, elle sera moins apparente et moins sentie.

Par conséquent encore, tout un département ne peut former une seule unité communale; l'autorité municipale y serait trop en dehors de ses attributions; un seul hameau est insuffisant, à son tour, pour former cette unité; les intérêts communs ne s'y trouvent ni assez compliqués ni assez étendus.

Au commencement, les communes furent circonscrites par la nature des choses : les premiers rapports qui lièrent plusieurs familles ne s'y établirent qu'en proportion de leurs besoins bornés alors ainsi que leurs désirs. Tout cela a crû comme la société et comme la civilisation.

Telles que les ont faites le consulat et l'empire, les communes sont renfermées dans des limites trop étroites. Il n'existe, d'ailleurs, aucune proportion entre elles : les unes ont un territoire immense sans population; les autres, une population nombreuse resserrée dans un petit territoire. Dès qu'il s'agit de les *réorganiser*, il faut, autant que possible, remédier à tous les abus, parer à tous les inconvéniens. En général, les subdivisions trop multipliées donnent des résultats trop faibles. Nos communes urbaines pourraient peut-être, dans l'état actuel des choses, acquérir quelque importance; nos communes rurales n'en auraient jamais aucune.

L'exercice du pouvoir municipal, soit à cause de sa nature, soit à cause du rang qu'il occupe dans la hiérarchie des pouvoirs de la société, exige de la part de ceux qui en sont investis, des connaissances profondes, une activité soutenue, un zèle constant, une indépendance personnelle absolue. Or, comment trouver dans l'arrondissement de nos petites communes rurales des hommes qui présentent toutes ces garanties?

Aussi, les fonctions municipales, quoiqu'elles soient des plus honorables, sont pourtant les moins honorées. Cela tient à la déconsidération qui pèse sur la plupart des officiers municipaux d'aujourd'hui. Quelle vénération peut inspirer, quoique maire, un ignare habitant des campagnes, que rien ne distingue de ses pareils, qu'un vain titre, dont souvent il abuse pour les vexer, qui n'a aucune idée de ses devoirs, aucune dignité dans sa conduite, qui donne ses audiences au cabaret, et qui paye, hors de sa commune, un misérable écrivain public pour faire son travail de bureau?

La conséquence de tout cela? c'est qu'il

faut agrandir considérablement l'unité communale.

Toutefois, pour éviter un excès, ne tombons point dans un excès contraire. L'administration des intérêts communs, voilà surtout le but de l'existence du pouvoir municipal. Il aura donc à descendre souvent aux détails les plus minutieux; dès lors, il serait absurde que son ressort fût trop vaste.

Les communes recomposées dans de justes dimensions, il faudra les lier ensemble. Entre les plus rapprochées, cette liaison s'établira tout naturellement : elles auront des rapports entre elles, et par conséquent des intérêts communs, trop restreints encore pour se confondre avec les intérêts généraux; l'agrégation de plusieurs communes voisines en formera donc une plus grande : et voilà un arrondissement communal.

Ici, l'action du gouvernement de l'Etat devra devenir apparente; mais, à côté de son délégué, sera créée une municipalité véritable, qui l'instruira des intérêts communs de l'arrondissement, et qui maintiendra l'équilibre entre ses diverses parties.

Sa composition est indiquée par son essence. Les principaux fonctionnaires de toutes les municipalités partielles dont elle est le centre, devront en former le noyau.

Cette municipalité d'un ordre supérieur, d'après ce que nous avons déjà dit, n'est, à son tour, qu'une municipalité partielle. Entre elle et l'Etat il existe un autre anneau, le dernier chaînon des intérêts communs, le département. Au-delà, la municipalité disparaît, et tout entre dans la sphère des intérêts généraux; en deçà, le génie du pouvoir municipal est encore aperçu, quoique de loin, étendant ses ailes protectrices sur la surface entière de ce fragment du royaume qui renferme tant d'autres fragmens.

Les fonctions municipales n'y seront plus absolues; on y traitera encore des intérêts communs du département, on y maintiendra l'équilibre entre ses arrondissemens; mais on n'y sera point étranger à la discussion des intérêts généraux, et l'on y exprimera des vœux qui se référeront à la prospérité du royaume entier.

Aussi, les hommes composant cette dernière municipalité ne seront point seulement les députés des arrondissemens, ils seront les hommes du roi, choisis par lui parmi les plus distingués des officiers municipaux de tout le département. Investis de sa confiance, environnés de l'estime publique, ils appartiendront ainsi et à l'Etat et aux communes ; mais à celles-ci moins directement ; parce qu'après eux, l'influence du pouvoir municipal, déjà si affaiblie par celle de l'autorité souveraine, s'éteindra tout à fait.

Et voilà toute la théorie de la commune et de son administration.

CHAPITRE VII.

Développemens. — Formation de l'unité communale.

Dans le chapitre précédent, nous avons énoncé des principes, exprimé des généralités, resserré nos idées dans un cadre restreint, afin d'en présenter en peu de mots tout l'ensemble; essayons de leur donner quelques développemens.

La création de la commune doit précéder celle du pouvoir municipal, pouvoir inutile en effet, tant que la commune n'existe pas.

Nous avons eu l'occasion de louer la sagesse de quelques-unes des dispositions de la Constitution de l'an III relatives à l'organisation municipale; nous avons annoncé que nous y reviendrions : en voici le moment.

Elle établissait dans chaque canton une administration municipale (1); en d'autres termes, elle voulait que chaque canton à peu près formât l'unité communale; et nous faisons

(1) Constitution de l'an III, art. 174.

des vœux pour que cet ordre de choses revive.

Alors il sera inutile de recourir à de nouvelles divisions territoriales, qui toujours ont l'inconvénient de tout désordonner, d'anéantir l'esprit de corps et l'amour du pays, de rompre d'anciennes habitudes, d'amener un malaise général.

Le chef lieu de canton sert de point de ralliement à toutes les familles dispersées à sa surface, et dont les divers membres sont en rapports constans : voilà donc le véritable centre des intérêts communs proprement dits. Ce chef-lieu, d'ailleurs, est toujours le siége de foires ou de marchés considérables; on y trouve le juge-de-paix, le notaire, le médecin, les gens d'affaires de la contrée.

Il n'est pas de canton en France où l'on ne puisse rencontrer quelques hommes distingués à la fois par leur talent, par leur zèle, par leur fortune : il n'en est point par conséquent où l'on manque d'officiers municipaux dignes de la confiance publique. Que de raisons déterminantes pour qu'on adopte notre avis!

A ceux qui trouveraient les dimensions du canton trop étendues pour qu'il n'y eût qu'une commune ou plutôt qu'une municipalité, nous répondrons que ces dimensions n'ont point effrayé lors de l'établissement des justices de paix. Or, la justice de paix n'est elle-même qu'une sorte de municipalité judiciaire. Au surplus rien n'empêche, si l'on veut, de créer deux et même trois unités communales, dans les cantons les plus vastes et les plus populeux; mais ces cas d'exception doivent être très-rares. Nous nous garderions bien, par exemple, de ranger au nombre de celles qui sembleraient indispensables, les plus grandes villes du royaume; en mettant de côté Paris, elles doivent bien plutôt être classées dans une catégorie d'exceptions opposées. En effet, divisées généralement en plusieurs cantons ou justices de paix, elles ne peuvent former pourtant qu'une unité communale. C'est dans ces cités florissantes que l'on retrouve la commune et tout l'esprit de son institution primitive : il serait donc ridicule d'en désunir les membres.

Que l'on ne pense point, au reste, qu'en proposant cette centralisation locale, nous ayons l'intention de proposer aussi la destruction de tout ce qui est, et l'anéantissement de toutes nos petites communes actuelles, dont une longue possession, la division des propriétés, les accidens du terrain, et enfin les relations religieuses ont consacré l'existence.

Tous ces petits corps doivent être maintenus, formant chacun une fraction de la grande unité communale que nous désirons voir établir. Qu'on leur conserve même jusqu'à leur titre de commune s'il le faut, et qu'on donne aux cantons celui de *municipalités*, plus expressif, plus technique que tout autre ; car, ainsi que dans son acception usuelle, ce mot sert à désigner le corps des officiers municipaux, il se dit encore des lieux soumis à leur juridiction. Enfin, qu'il n'y ait rien de changé que le centre ou le siége de l'administration municipale. Les petites communes le verront s'éloigner d'elles avec plaisir. Elles ont eu tant d'occasions de s'apercevoir que, chez elles, le pouvoir municipal est trop près des intérêts particuliers, trop voisin de leur influence.

Durant nos méditations sur la formation la plus avantageuse de l'unité communale, Paris est venu maintes fois occuper nos pensées.

Paris!.... et comment accommoder à ce colosse un système municipal, fondé sur l'origine présumée de la commune et de son pouvoir administratif?

Comment en retrouver les élémens dans

une population composée en très-grande partie d'hommes réunis de tous les coins du monde, de religions, de mœurs et de langages différens; dans une ville dont l'enceinte renferme plusieurs villes, et autour de laquelle une politique imprévoyante a permis récemment de bâtir des villes nouvelles, destinées à être englouties un jour dans le gouffre commun?

Paris!..... Ah! retenons cette plume trop disposée à retracer des souvenirs funestes, à exprimer de grandes craintes. Laissons à des écrivains plus exercés, laissons aux sages de la France le soin de divulguer les unes et de rappeler les autres. Laissons-leur celui de montrer les dangers de cette effrayante disproportion entre la tête et le corps, disproportion qui tous les jours augmente et devient monstrueuse; disproportion qui, dès le siècle de Louis XIV, faisait trembler ce grand monarque, et à laquelle son génie si prévoyant et si judicieux ordonna que l'on mît des bornes.

Quelles que soient les qualités aimables de l'habitant de Paris, qualités que nous nous empressons de reconnaître, et que développe à un si haut degré le voisinage des sciences, des arts et de la cour, il n'est point disposé peut-être à jouir des franchises municipales telles que nous les entendons. On sait jusques où peut l'entraîner l'enthousiasme du moment, avec quelle facilité on enflamme l'imagination du peuple de Paris; combien il est aisé de lui donner une impulsion quelconque, et lorsqu'une fois cette masse est mise en mouvement, qui peut arrêter l'élan de ses bonds prodigieux, qui peut en calculer les ravages?

Paris ne saurait donc être appelé à former une *cité*. On doit maintenir ses sections, sa police et son régime administratif. La moindre réforme à ce sujet serait une faute grave : et cette maxime machiavélique : *Si tu veux régner divise* est pleinement justifiée dans son application exclusive à cette immense capitale.

Partout ailleurs chacune de nos municipalités nouvelles aura sa part dans la réorganisation générale dont nous allons nous occuper, en conservant les anciennes dénominations.

Sur la personne du maire établi dans chaque unité communale, reposerait la principale direction des affaires; à lui seul appartiendrait toute l'action du pouvoir municipal. Ses deux adjoints ne seraient appelés à le remplacer qu'en cas d'absence, ou d'empêchemens quelconques, mais il pourrait, comme aujourd'hui, leur déléguer certaines de ses attributions. Du reste, ils deviendraient auprès de lui des conseillers permanens, dont les avis tendraient à éclairer ses démarches, à préparer ses résolutions. Le maire serait responsable, et tenu de rendre compte au conseil municipal, lors de sa session annuelle et périodique.

Ce conseil serait composé :

1° D'autant de membres que notre municipalité nouvelle renfermerait de fractions communales, d'après ce que nous avons déjà dit, chacun desquels serait domicilié dans l'une d'elles, afin que toutes ces fractions fussent également représentées à l'assemblée générale.

2° D'un nombre égal de notables choisis parmi ceux de la municipalité entière, mais résidant autant que possible au chef-lieu, afin d'éviter les difficultés des convocations extraordinaires, toutes les fois qu'il serait nécessaire d'y recourir. Dans ces circonstances, la présence de la moitié des membres du conseil et des deux adjoints, sous la présidence du maire, suffirait pour la régularité des délibérations.

Durant les sessions annuelles, le président, le secrétaire et trois membres formant le bureau, seraient élus par l'assemblée; le maire et les adjoints assisteraient aux séances, mais n'auraient point voix délibérative. Dans chacune de nos communes actuelles, formant une fraction municipale, le conseiller y domicilié deviendrait le correspondant habituel du maire ou de ses adjoints, leur fournirait des états de situation, et aurait soin de maintenir le bon ordre et la police entre les citoyens. Dans tous les cas, il ne pourrait que constater les contraventions commises, et prendre rarement quelques arrêtés d'urgence, exécutoires par provision, mais dont il serait tenu d'informer, dans le jour, l'autorité de son canton, et que celle-ci pourrait révoquer.

Tous les maires d'un même arrondissement et un nombre égal de notables, déjà membres des conseils municipaux, seraient appelés à former le conseil d'arrondissement, qui, tous les ans aussi, s'assemblerait au chef-lieu, à une époque déterminée, se nommerait un président, et choisirait son secrétaire.

Le sous-préfet y réunirait le titre de *rapporteur* à celui de *procureur du roi;* il aurait voix consultative seulement.

Nous ne parlons point ici du conseil-général de département; ce que nous avons dit de sa composition et du mode de le former (1), nous semble devoir suffire; seulement, nous ajouterons que ses membres devront aussi choisir également leur président et leur secrétaire, et qu'auprès de cette assemblée le préfet remplira les mêmes fonctions que le sous-préfet auprès du conseil d'arrondissement.

Ces magistrats seraient, l'un au département, les autres dans les arrondissemens, les délégués du roi, chargés de requérir auprès des autorités municipales, et de surveiller constamment les exécutions des actes émanés de l'autorité générale. Leurs attributions, au reste, sortant de la ligne de celles des officiers des communes, nous nous bornons à indiquer ce qu'elles devraient être. Le gouvernement demeurerait toujours libre de les augmenter ou de les restreindre à son gré.

Il est aisé d'apercevoir que plusieurs de ces dispositions sont purement réglementaires, et que par conséquent il ne peut y avoir d'inconvéniens à susbstituer à nos idées toutes celles qui paraîtraient plus utiles à la chose publique. Mais ce qui est de principe, ce qui doit être immuable, c'est l'élection des officiers

---

(1) Page 75.

municipaux, que l'on peut appeler comme on voudra, et répartir entre les diverses communes, ainsi qu'on le jugera convenable, mais qui ne peuvent être investis de deux manières différentes du pouvoir qu'ils devront exercer.

Cette matière est trop importante pour ne pas devenir l'objet d'un chapitre exclusif.

CHAPITRE VIII.

Election des officiers municipaux.

Le pouvoir municipal, avons-nous dit déjà, n'existe que par le concours de deux volontés, dont l'une est supérieure à l'autre; celle-ci peut faire des propositions, celle-là seule a le droit de les sanctionner (1).

C'était dire, en d'autres termes, que les communes doivent élire des candidats propres à remplir les fonctions municipales, et qu'au roi seul appartient la prérogative de choisir, parmi les candidats élus, ceux qu'il croit dignes de sa confiance, de celle de ses sujets, et de conférer à ceux-là leur instutition (2).

Cette manière de procéder nous semble tellement conforme à notre constitution politique, que nous ne pouvons concevoir comment elle a pu fournir matière à quelque discussion.

---

(1) Voir ci-dessus, page 70.

(2) M. de Barante, dans son *Traité des communes et de l'aristocratie en France*, chap. 11.

Et d'abord, quelles objections pourrait-on élever contre le concours des communes à l'élection de leurs officiers? Ce concours est la conséquence forcée de tout ce qui précède. Tous les écrivains qui ont traité cette matière s'en sont exprimés à peu près dans le même sens que nous (1); et parmi ceux que nous pourrions citer, nous distinguerons l'un de nos plus respectables magistrats, à cause de l'ascendant que ses talens et son noble caractère impriment à ses opinions.

« Le pouvoir municipal n'est point une « création de la loi, dit M. le président Henrion de Pansey (2); il existe par la seule « force des choses; il est, parce qu'il ne peut « pas ne pas être; il est, parce qu'il est impos- « sible que les habitans d'une même enceinte, « qui consentent à faire le sacrifice d'une par- « tie de leurs moyens et de leurs facultés pour « se créer des droits et des intérêts communs, « soient assez imprévoyans pour ne pas donner

---

(1) Domat, *Traité du droit public*, l. 1, t. 16, sect. 4, § 4. M. de Bonald, *Théorie du pouvoir politique et religieux*, 3e partie, sect. 2, chap. 3, etc.

(2) *Du Pouvoir municipal et des biens communaux*, page 21 et suivantes.

« des gardiens à ce dépôt, pour ne pas charger « quelques-uns d'entre eux de veiller à sa con- « servation, et d'en diriger l'emploi.

« Mais, s'il est ainsi, si le pouvoir muni- « cipal est de l'essence de toutes les corpora- « tions d'habitans, les lois ne pouvant rien « contre la nature des choses, il faut dire « qu'elles ne peuvent ni supprimer les corps « municipaux, ni priver les communes du « droit de les élire.......

« . . . .

« . . . . »

« Qu'un despote affamé de pouvoir s'empare « de l'administration de toutes les communes, « et prélude par cet acte de violence à l'en- « vahissement de leurs propriétés, cet abus « de la force est en accord avec le principe de « ces sortes de gouvernemens, et on en est « moins révolté; mais qu'il en soit de même « sous un régime constitutionnel, c'est une « idée que repoussent également et l'esprit de « la Constitution et la nature du pouvoir mu- « nicipal.

« Tel est cependant notre régime actuel.

« Tous les Français sont citoyens, et il n'y « a pas en France une seule cité.

« Tous les Français, électeurs ou habiles à

« le devenir, peuvent donner à qui bon leur « semble le droit éminent de participer à l'exer- « cice de la souveraineté, et il leur est interdit « de concourir au choix de leurs propres agens, « de ceux qui doivent régir des biens, et dé- « fendre des droits dont chacun d'eux est pro- « priétaire par indivis.

« Telle est dans les électeurs la confiance de « la loi, qu'elle reçoit aveuglément de leurs « mains les régulateurs de la grande famille, « et ces mêmes électeurs ne sont point jugés « capables de nommer leurs officiers muni- « cipaux. »

Ces argumens sont sans réplique.

Et maintenant, que dirons nous à ceux qui se déclareraient les ennemis de la sanction royale, appliquée à l'élection des corps municipaux? Nous avons fait la part des communes, faisons aussi celle de l'Etat.

Que des cités indépendantes se suffisent à elles-mêmes, cela doit être ainsi. Chacune d'elles forme une république isolée. Mais une cité qui fait partie d'une grande monarchie n'est point indépendante, et ici reviendrait avec toute sa force la série de nos raisonnemens à ce sujet.

Le grave auteur dont nous venons de transcrire un passage, y ajoute encore et tout le poids de son autorité, et tout celui de considérations importantes.

« Telle est, ajoute-t-il (1), la nature du pou-
« voir municipal, que rien ne fait obstacle à
« ce que ceux qui l'exercent soient chargés de
« fonctions étrangères à celles qui leur sont
« propres. Il est libre au gouvernement de
« leur indiquer quelques branches de l'admi-
« nistration générale. De même la loi peut les
« rendre habiles à la confection de quelques-
« uns des actes qui appartiennent à l'autorité
« judiciaire. C'est ainsi que, dans notre orga-
« nisation actuelle, les maires des communes
« sont officiers de police judiciaire et de l'état-
« civil, et que l'administration leur confie la
« surveillance du recouvrement des impôts, et
« l'exécution des mesures relatives à la cons-
« cription.

« Envisagés sous ces trois points de vue, les
« maires sont tout à la fois les mandataires de
« leurs communes, les agens de la loi, et les
« délégués du gouvernement.

« Mais la réunion de ces fonctions diverses
« ne peut s'opérer, soit par la seule volonté

(1) *Idem*, p. 26 et suivantes.

« du gouvernement, soit par le fait seul des « communes, sans mettre en opposition deux « principes auxquels il est également impos-« sible de porter la plus légère atteinte.

« Et d'abord, le simple bon sens dit que le « maire ne peut être choisi que par les habitans; « et cela par un motif qui frappe les entende-« mens les plus communs, c'est que le man-« dataire et le mandant sont des co-relatifs « nécessaires, et qu'il répugne aux notions les « plus simples que celui qui n'a reçu aucun « mandat d'une commune, stipule en son « nom, et s'en dise l'agent et le mandataire. « D'un autre côté, la Charte constitutionnelle « dispose que le roi seul nomme à tous les « emplois de l'administration publique......

« . . . .

« . . . .

« L'intérêt public, l'intérêt particulier des « communes se réunissent donc pour provo-« quer une espèce de transaction entre les « deux principes, dont l'un veut que tous les « officiers municipaux et le maire lui-même « soient choisis par les habitans, et l'autre « qu'aucune branche de l'administration gé-« nérale ne puisse être exercée sans une dé-« légation spéciale du roi. »

M. Henrion de Pansey indique ici trois manières d'effectuer cette transaction. Plein de respect pour un homme si justement honoré, et pour tout ce qu'il dit, nous n'en aurons pas moins le courage de déclarer qu'il nous semble, à nous, qu'il n'en est qu'une de possible.

Quelle dignité y aurait-il, en effet, à ce que le gouvernement présentât au choix des communes des candidats propres aux charges à pourvoir? Ne serait-ce point un renversement absolu d'autorité, un revirement dans la chaine des hiérarchies sociales?

D'autre part, pourquoi les communes procéderaient-elles seules à la nomination des membres de leurs conseils municipaux, parmi lesquels le roi ferait ensuite le choix des maires?

Nous concevons que M. Henrion de Pansey donne la préférence à ce système; il est la conséquence des raisons principales sur lesquelles il s'appuie pour établir la nécessité de l'intervention du roi dans l'élection des officiers municipaux; mais, pour nous, tout en admettant ces raisons, tout en nous en faisant un moyen à l'appui de notre opinion, nous osons partir de plus haut; nous pensons qu'ainsi que dans la nature, tout pouvoir vient de Dieu; de même, dans une monarchie, toute autorité civile émane du monarque. Or, les conseils municipaux sont aussi une autorité; ils partagent le pouvoir municipal avec les maires et les adjoints; car, ainsi que le dit le même écrivain, « les corps municipaux se divisent en pouvoir délibérant et en pouvoir exécutif (1). »

Ainsi, la sanction royale est aussi nécessaire à l'élection des conseillers municipaux, qu'à celle des maires et des adjoints.

Notre méthode concilie donc tous les intérêts, tous les droits, et ceux du trône et ceux des communes. Celles-ci n'afficheront point de prétentions à une liberté plus grande; elles seraient jugées subversives de l'ordre et du repos public par tous les hommes sensés.

Les hommes monarchiques ne demanderont point pour la couronne un exercice plus absolu de la souveraineté; ce serait anéantir la commune, alors qu'il faut la recréer; et si les esprits ombrageux s'effrayaient des sacrifices faits par la royauté en faveur des peuples, nous leur citerions l'exemple de Louis XIV

---

(1) *Idem*, p. 49.

aux jours de ses prospérités et de sa grandeur, et nous leur demanderions s'ils pensent que l'illustre petit-fils de Henri IV sut son métier de roi (1)?

Voilà donc qui ne saurait plus être controversé. Mais quel sera le mode le plus légal de procéder aux élections des candidats dont la présentation appartient aux communes?

Cette question est grave, son examen commande des réflexions profondes : toutefois, nous croyons avoir indiqué déjà le germe de sa solution.

La commune n'est qu'une agrégation de plusieurs familles ; le père est le chef particulier de chacune d'elles, et par conséquent il est l'organe des volontés particulières. Les officiers revêtus du pouvoir municipal ne sont, à leur tour, que les organes de la volonté commune, laquelle se compose de la majorité des volontés particulières (2).

Tous les chefs de famille devront donc concourir à désigner ceux dont les actes ne sont destinés qu'à être l'expression de la volonté commune (3).

---

(1) Voir page 17.

(2) Voir pages 3 et 4.

(3) Henrion de Pansey, *idem*; la brochure de

C'est ainsi que les choses furent réglées dès le principe, lorsque le pouvoir municipal s'organisa comme de lui-même, ou naquit de la nécessité des rapports des diverses familles fixées au même lieu. Or, ce qui fut jadis, par suite de cette nécessité, doit être encore aujourd'hui, comme déterminé par la même cause qui est demeurée immuable. Quelques modifications seulement sont indiquées par l'état de la société, et nous avons fait connaître l'une des plus importantes quand nous avons parlé de l'intervention du souverain.

Il en est d'autres qui résultent de la vaste étendue de notre unité communale. Tous les chefs de familles qu'elle renferme ne peuvent se réunir en une même assemblée électorale; elle serait composée d'un trop grand nombre d'élémens, et d'élémens souvent hétérogènes (1). Difficilement on y parviendrait à s'entendre, difficilement la majorité absolue des votes désignerait les mêmes individus; et nous

---

MM. Lanjuinais et Kératry, *sur le projet de loi de* 1821, chap. 5 et 6; et la quatrième *Lettre* de M. Fiévée sur le même projet, p. 46 et suivantes.

(1) M. Dupin, *Introduction aux lois municipales*. Domat, *du Droit public*, l. 1, tit. 16, sect. 4, § 4.

pensons que cette majorité absolue est nécessaire pour former les listes des candidats à présenter au choix du monarque.

On a proposé plusieurs moyens de remédier à cet inconvénient réel, tout en respectant les principes que nous avons essayé de démontrer. Nous avons lu à peu près tout ce qui a été écrit sur cette matière, et nous n'avons rien trouvé de satisfaisant à cet égard. Nous ne nous arrêterons pas ici à discuter les opinions émises, seulement nous exprimerons la nôtre, non point avec la prétention d'avoir rencontré juste, mais afin qu'elle puisse être mise en parallèle, et qu'on choisisse ensuite la meilleure.

Notre municipalité se divise en plusieurs sections, qui ne sont que les anciennes petites communes. Que dans chacune d'elles il y ait des assemblées primaires de tous les chefs de famille domiciliés dans leur territoire : elles nommeront leurs députés à l'assemblée électorale du canton ou de la municipalité. Le nombre en sera proportionné à celui de leurs commettans ; par exemple, un sur vingt (1).

---

(1) M. Dupin, *Introduction aux lois des communes*, sect. 3.

Que les sections dont la population est considérable soient, pour ces opérations seulement, sous-divisées encore de manière à ce que toutes celles qui compteraient plus de cent familles aient deux assemblées primaires; toutes celles qui en compteraient plus de deux cents, trois, et ainsi de suite (1).

Que les députés à l'assemblée électorale puissent être pris dans tous les rangs de la société (2); mais, afin qu'ils présentent cette garantie que l'ordre public trouve toujours chez les hommes mûris par l'âge, et possesseurs d'une certaine fortune, ou jouissant d'une existence sociale distinguée, prérogatives toujours exposées dans les grands bouleversemens politiques, que nul ne soit admis à l'honneur d'y siéger s'il n'est majeur, et inscrit au rôle des contributions publiques, de quelque espèce qu'elles soient, parmi les cent plus imposés de la section dont il fait partie, à moins qu'il n'exerce une profession libérale quelconque, ou qu'il n'appartienne à quelque sorte de magistrature.

---

(1) *Idem.*

(2) MM. Lanjuinais et Kératry, *ut suprà*. M. Fiévée, *Lettre* 4.

Les assemblées cantonales ainsi composées, nous semblent réunir tous les avantages possibles, et n'attendre en quelque sorte pour opérer le plus grand bien, que leur convocation : néanmoins, une dernière réflexion nous arrête encore.

Devra-t-on mettre tout à coup la France entière en mouvement? N'y aurait-il pas de l'imprudence à réunir sur tous les points en même temps un aussi grand nombre de citoyens? Certes, il n'est pas de bon esprit qui n'ait été frappé de la force remarquable des discours prononcés à ce sujet à la tribune des députés, lorsqu'un ministre y proposa le renouvellement intégral et la septennalité : il n'en est pas qui ne soit demeuré convaincu que la raison d'Etat fut seule capable de déterminer les Chambres à adopter ce projet fameux.

Elle n'existe point dans notre espèce cette raison d'Etat; et par conséquent, tout ce qui fut dit à cette époque pour signaler le danger de ces immenses déplacemens des masses, n'est contrebalancé par rien.

Il est donc évident que le royaume doit être divisé en plusieurs séries, pour être procédé par chacune d'elles, à des époques différentes, à l'élection de leurs officiers municipaux.

Cependant, les besoins sont partout également pressans; de toutes parts les réclamations des communes sont les mêmes, et la dernière série ne saurait être long-temps en souffrance!

Soit, encore; mais cette nécessité ne doit point exclure toutes les précautions : seulement les opérations des différentes séries, sans se cumuler, devront se succéder immédiatement, de manière à ce qu'elles se terminent toutes dans le cours de la même année.

Du reste, les assemblées cantonales procéderont en la manière ordinaire, au scrutin secret, et à la majorité absolue des suffrages, à la formation d'une triple liste de candidats pour chaque nomination à faire par le roi, d'après les bases indiquées ci-dessus, aux fonctions de maire, d'adjoint et de conseiller municipal.

Si l'on a lu attentivement ce qui précède, on a dû voir qu'à cette opération seule se borne la mission des députés à l'assemblée cantonale; ils n'auront pas à s'occuper, en effet, d'une manière spéciale, du choix des membres aux conseils d'arrondissement et aux conseils généraux, puisque les premiers ne se composent que de la réunion de tous les maires, et d'un nombre égal d'officiers municipaux d'un même arrondissement, et que celle des notables choisis par le roi dans les rangs de tous les officiers municipaux aussi de chaque département, est destinée à former les seconds.

Les communes n'en auront pas moins pris part à leur élection, puisqu'elles auront contribué à celle des citoyens parmi lesquels seront pris les membres de toutes ces assemblées; et l'on peut remarquer à ce sujet, et la simplicité de notre plan, et la facilité de son exécution.

CHAPITRE IX.

Conditions d'éligibilité. — Durée des fonctions municipales.

« Les fonctions municipales, dit M. de « Bonald (1), sont incompatibles, 1° avec « les fonctions ecclésiastiques. Les ministres « du culte ne peuvent ni élire ni être élus. On « ne saurait séparer avec assez de soin le reli- « gieux du civil dans les moyens, parce que le « religieux et le civil se réunissent dans le but.

« 2°. Elles sont incompatibles avec toutes « fonctions qui demandent l'absence actuelle « hors de la commune. »

Nous admettrons, mais avec une restriction importante, la première de ces deux propositions. Les ministres du culte ne sont pas éligibles. La raison qu'en donne l'illustre publiciste est aussi morale que philosophique ; mais nous ne voyons point pourquoi ils ne seraient pas électeurs, s'ils réunissent d'ailleurs les conditions que nous avons détaillées ci-dessus.

---

(1) *Théorie du pouvoir politique et religieux.*

Est-ce qu'en embrassant l'état ecclésiastique ils ont renoncé à la qualité de citoyen français ? ne payent-ils plus de contributions à l'Etat ? ont-ils cessé d'être propriétaires ? ne sont-ils plus des membres de la grande famille ? n'ont-ils aucune part dans les intérêts communs de l'agrégation d'habitans à laquelle ils appartiennent par leur domicile ? sont-ils exclus du nombre des administrés ? la loi ne peut-elle pas les atteindre ? S'il est impossible de répondre *non* à toutes ces questions, les ministres du culte peuvent être électeurs.

Quant à la seconde proposition, elle est évidente. Non-seulement tout officier municipal doit avoir son domicile légal dans la commune à l'administration de laquelle il devra concourir, il faut encore qu'il y réside habituellement ; et l'introduction des propriétaires forains dans nos municipalités rurales surtout, est sans contredit l'un des plus grands vices du régime qu'il faut abolir.

Cet usage nouveau est contraire à tous les principes, il est en opposition avec la nature du pouvoir municipal, dont l'action et la surveillance doivent être de tous les jours et de tous les instans.

Les étrangers auxquels on en confie l'exercice, ne peuvent même pas prendre le titre de municipaux; ce titre et celui d'étrangers s'excluent l'un l'autre, à moins que l'on ne veuille se jouer constamment de la signification des mots. Et qui ne sait que presque toujours les discussions les plus vives, souvent des dissensions fâcheuses, quelquefois de sanglantes révolutions, n'ont eu d'autre cause que cette inconcevable manie de détourner de leur sens primitif des expressions techniques?

Municipes dicimus suœ cujusque civitatis cives, disait la loi romaine (1). Et c'est en conséquence de cette définition que, dans son savant *Traité du droit public*, Domat consacre cette maxime, que les charges d'échevins, consuls, conseillers de ville et autres de ce genre ne peuvent être remplies que par *des habitans des lieux* qui en soient capables (2).

Maintenant, la capacité chez certaines personnes est indépendante du nombre des années. Il est quelques esprits précoces; mais ils font exception à la règle : or, jamais l'exception ne doit en tenir lieu.

Nous vivons dans un siècle où l'on a une

---

(1) L. 1, § 1, in. f. ff. *ad municipal et de incolis.*

(2) Domat, *Traité du droit public*, l. 1, tit. 16.

haute opinion de la jeunesse : que l'on y prenne garde ; cette opinion peut devenir funeste.

Le système de la nature n'est point changé. Que des études un peu mieux suivies (1), une éducation plus soignée, les habitudes sociales contractées dans un âge plus tendre, contribuent à un développement plus prompt de l'esprit, cela peut être ; mais les passions du cœur, la tyrannie des sens, l'effervescence de l'imagination sont-elles moindres dans le dix-neuvième siècle que dans les précédens ?

Or, ce ne sont point seulement des hommes instruits qu'il faut placer à la tête des communes, ce sont des hommes sensés et prudens, mûris par l'expérience, rompus au travail, éprouvés par les difficultés de la vie ; des hommes, en un mot ; et nul n'est homme en ces climats avant qu'il ait atteint trente ans.

Les fonctions municipales sont essentiellement gratuites. Ceux qui en sont revêtus ne sont en effet que les mandataires de leurs concitoyens ; or, tel est encore aujourd'hui le caractère du mandat, à moins de conventions contraires (2).

---

(1) Et qui sait ?

(2) Code civil, art. 1986.

Ils devront donc être choisis parmi les habitans les plus riches de la municipalité, pourvu qu'ils aient en outre les autres qualités requises (1).

Notre intention n'est point de proclamer l'aristocratie des richesses ; nous sommes loin d'en être le partisan ; mais il est constant qu'elles augmentent et l'influence et la considération qui s'attachent à l'honnête homme. Les devoirs imposés aux officiers municipaux exigent d'ailleurs de leur part l'emploi d'un temps précieux, que l'homme riche est seul capable de sacrifier gratuitement à la chose publique. Nous ne déterminerons point la quotité de l'impôt à payer pour qu'on soit éligible : peut-être serait-ce restreindre la liberté des élections ; peut-être serait-ce exclure, dans bien des localités, les hommes les plus capables. Ce que nous avons dit nous paraît suffisant pour indiquer l'esprit dans lequel il conviendrait que la loi fût rédigée : qu'elle ménage tous les intérêts, et ceux des mandataires et ceux des mandans, sans imposer à la confiance de ceux-ci des bornes trop étroites.

---

(1) M. de Bonald, *Théorie du pouvoir politique et religieux.*

Outre ces conditions d'éligibilité, on pourrait spécifier des causes d'exclusions; mais il n'est point d'électeur qui n'ait le sentiment de toute la dignité des fonctions municipales, et qui ne sache distinguer par conséquent les citoyens qui méritent l'honneur du choix, de ceux que l'opinion publique a marqués du sceau de sa réprobation, soit à raison de l'infamie de leur conduite personnelle, soit à cause de l'abjection de leur état : il nous faut bien trancher le mot.

Sans doute il n'existe point, moralement parlant, de condition avilissante par ellemême, mais il est de ces vieux préjugés qui, n'en déplaise à certaines gens, sont toujours respectables. Quoique tous les hommes soient égaux devant la loi, les rangs de la société ne le sont point entre eux; nos niveleurs euxmêmes en seraient bien fâchés. Toute leur doctrine n'est que le cri de l'orgueil : ne croyez pas qu'ils désirent voir s'élever tout ce qui est au-dessous d'eux; ils ne veulent qu'abaisser tout ce qui est au-dessus; et si quelqu'un de ces importans philosophes nous fait l'honneur de parcourir ces phrases, qu'il mette la main sur sa conscience, et qu'il nous dise si nous nous trompons.

Ce qui précède s'applique à toutes sortes de fonctions municipales; ce qui suit regarde plus spécialement celles de maire et d'adjoint.

C'est à eux qu'appartient toute l'action du pouvoir municipal; les autres sont conseil; eux, ils sont autorité (1). Or, deux autorités différentes ne peuvent subsister dans la même personne.

En effet, ou elles seraient égales, et, se trouvant en opposition, elles se paralyseraient mutuellement; ou l'une serait supérieure à l'autre; et celle-ci, constamment obligée de céder, n'existerait plus dès lors.

Il suit de là que toutes fonctions attributives d'autorité, ou dépendantes d'une autorité quelconque, hors de la ligne de la hiérarchie municipale, sont incompatibles avec celles de maire et d'adjoint (2).

Ainsi, ne pourront être élus ni les militaires en activité de service, ni les magistrats appartenant à l'ordre judiciaire, ni les employés d'une administration publique, quelle qu'elle soit.

---

(1) M. de Bonald, *idem*.

(2) Cela vient encore à l'appui de l'opinion déjà émise sur l'incompatibilité des fonctions ecclésiastiques avec les charges municipales.

Les lois des derniers temps ont fait une judicieuse application de ces règles, puisées dans l'ancien droit. Celle du 15 septembre 1791, tit. 3, art. 13, et celle du 24 vendémiaire an III, renfermaient, à ce sujet, de sages dispositions qu'il est utile de maintenir; et les édits de nos rois, l'ordonnance de Philippe IV, de 1302, celle de Charles VII, de 1456, celles de Blois et de Moulins, celle de François Ier, de 1535, avaient prévu les inconvéniens du cumul de plusieurs offices incompatibles, et elles l'avaient proscrit par de rigoureuses prohibitions.

« Les places, dans les municipalités, ne « sont ni des commissions ni des offices; ce « sont des charges (1). » Ce n'est que par abus que l'on donne le titre d'*officiers* à ceux qui les occupent. Toutes les opinions sont fixées à cet égard; il ne s'agit donc plus d'examiner si les fonctions municipales doivent être purement temporaires, ou si elles sont déférées à vie, mais seulement d'en déterminer la durée de la manière la plus utile.

---

(1) Henrion de Pansey, *idem*, page 33. Domat, *idem*, l. 2, tit. 1, sect. 1.

Selon l'auteur de la *Théorie du pouvoir politique et religieux*,

« Les officiers municipaux doivent être re-
« nouvelés au bout d'un temps assez court, de
« deux ou de trois ans;

« 1° Parce que l'amour de la domination,
« qui se glisse si aisément dans le cœur de
« l'homme, peut rendre l'autorité de l'homme,
« même le plus modéré, fâcheuse, si elle se
« prolonge, à l'amour-propre de ses conci-
« toyens : une commune est une petite ré-
« publique, et elle en a les passions.

« 2° Des administrateurs nouvellement élus
« ne manquent jamais, dans la première fer-
« veur de leur autorité naissante, de remonter
« le ressort de la police, qui se détend si ai-
« sément dans de petites administrations, où
« il faut tout exiger par l'affection, et peu par
« l'autorité.

« 3° Si les fonctions municipales sont un
« honneur, elles doivent être partagées entre
« tous; si elles sont un fardeau, elles ne doi-
« vent point peser exclusivement sur les mê-
« mes personnes.

« 4° Les fonctions municipales sont propres
« à former des hommes capables des détails
« d'administration. Or, il est avantageux pour

« la société, qu'il se forme des hommes capa-
« bles, quand même le gouvernement ne de-
« vrait pas les employer (1). »

Il résulte des expressions du noble pair, non seulement qu'on devrait restreindre à une très-courte période la durée des fonctions municipales, mais encore que les fonctionnaires sortant de charge ne sauraient être réélus, au moins immédiatement. Son opinion est conforme à l'ancien ordre de choses en France; car c'est ainsi qu'elles furent réglées jusqu'à l'époque où les places de maires dans les villes furent rendues vénales, et devinrent héréditaires. Cependant, oserons-nous le déclarer? telle n'est point la nôtre.

Nous avons peine à nous faire à cette idée que les corps municipaux ne soient en quelque sorte que des écoles primaires des détails de l'administration. Nous pensons que ceux qui sont élus pour en faire partie, sont par cela seul jugés capables de ces détails. Il serait à désirer qu'ils fussent tous des administrateurs consommés.

Certes, ne serait ce pas compromettre les intérêts communs, que de les confier à des

(1) M. de Bonald, *idem*.

gens inexpérimentés, qui ne deviendraient capables qu'en les gérant? Que de fautes ne commettraient-ils pas dans les commencemens de leur gestion! et ce serait précisément lorsque leur éducation administrative serait faite, probablement aux dépens de la commune, que celle-ci se verrait privée des avantages qu'elle pourrait en retirer, pour procurer à d'autres ceux de se former aussi, comme leurs prédécesseurs, à la même école! Il résulte de tout cela que, soit que l'on considère les fonctions municipales comme un honneur, soit qu'on les considère comme un fardeau (1), elles ne peuvent être partagées entre tous.

Qu'elles ne pèsent point exclusivement sur les mêmes personnes, soit; mais le nombre de celles qui peuvent en supporter les charges est peu considérable dans chaque localité. Il est impossible que l'on ne soit point forcé de réélire souvent les mêmes candidats; et l'on ne pourrait point nous accuser d'exagération, quand nous irions jusqu'à prétendre que la plus impérieuse des lois, celle de la nécessité,

---

(1) Elles sont l'une et l'autre; et l'honneur qu'elles procurent contribue à alléger le fardeau.

impose au gouvernement le devoir de consacrer le droit de réélection.

Au surplus, s'il est vrai que, dans la première ferveur d'une autorité récente, on soit plus disposé à remonter le ressort de la police, facile à se détendre dans les petites administrations, ne retrouve-t-on pas d'autre part, dans les dispositions du cœur de l'homme, le désir d'achever un ouvrage commencé, et de maintenir ce que l'on croit avoir fait de bon ; et ne serait-il pas possible d'entrevoir une sorte de contradiction entre le premier et le second motif sur lesquels l'honorable écrivain que nous aimons tant à citer, appuie son opinion à cet égard ? L'habitude de la domination ne rend l'autorité fâcheuse qu'à cause de l'espèce de ténacité qu'elle imprime aux caractères les plus modérés ; or, cette ténacité n'est-elle point en opposition avec la négligence, produit de la même habitude, qui permet aux ressorts de la police de se détendre ? Par conséquent, non seulement les officiers municipaux sortant de charge doivent être maintenus dans la catégorie des éligibles, mais la durée de ces fonctions doit être plus longue qu'elle ne l'était jadis.

Ce n'est pas trop de l'espace de cinq ans

pour former des projets avantageux, et les mener à fin.

La législation nouvelle, sous ce rapport, est préférable aux anciennes coutumes. L'espoir de trouver dans les honneurs de la réélection des témoignages flatteurs de la satisfaction de leurs concitoyens, peut être considéré, tout à la fois, comme une cause puissante d'émulation pour les fonctionnaires publics, et une sorte de garantie pour l'ordre social. Ainsi donc, le renouvellement intégral des maires et des adjoints n'aura lieu que tous les cinq ans, et, dans tous les cas, ils pourront être réélus.

Quant aux conseils municipaux, ils devront être renouvelés aussi, mais il serait malheureux qu'ils le fussent intégralement; car, quoique la faculté d'en réélire les membres doive être également accordée, il serait possible que l'on n'en fît point usage, au moins pour la majorité; il serait possible par conséquent que des idées toujours nouvelles fussent constamment introduites dans ces corps délibérans, que les anciennes traditions s'y perdissent, et que la marche de l'administration municipale fût ainsi suspendue. C'en est assez pour établir que le principe du renouvellement par cinquième doit être appliqué aux conseils des communes, comme il l'était jadis par la Charte à la Chambre des députés.

Pense-t-on qu'une administration municipale telle que nous l'avons conçue, manque de force et de sagesse, qu'elle ait besoin d'être comprimée par l'autorité supérieure, qu'il faille lui susciter des obstacles sans cesse renaissans, et se mettre l'esprit à la torture pour inventer des formalités ridicules sans lesquelles ses actes seraient frappés de nullité? La centralisation et tous ses embarras, la dictature des préfets et toutes ses longueurs disparaîtront devant un système ainsi coordonné. L'émancipation des communes est le but unique de leur constitution légale; cette constitution serait inutile, si elle ne devait point amener cet heureux résultat.

Libre alors de tous les détails d'une administration secondaire, le gouvernement n'aura plus à s'occuper que des intérêts généraux, et ce ne sera que dans des circonstances extraordinaires que ses agens devront intervenir dans les affaires des communes.

Mais dès l'instant que leur gestion sera définitivement commise aux soins de leurs mandataires, il faudra déterminer irrévocablement toutes leurs attributions, leur créer des ressources, régler leur responsabilité, poser, en un seul mot, les limites de leurs pouvoirs (1).

(1) « Les gens de bon sens, et il y en a beaucoup en « France, disait M. Fiévée, à propos du projet du « 21 février 1821 (*Lettre* 3), ne mettent aucun intérêt « au projet présenté par le ministère. Il leur paraît un « peu ridicule de voir organiser des administrations, « sans que personne sache, sans que personne veuille « dire ce qu'elles administreront, etc. »

CHAPITRE X.

Attributions du pouvoir municipal. — Actes de l'état civil.

Une administration quelconque a pour objet et les personnes et les choses.

La sollicitude des officiers municipaux doit donc embrasser à la fois et les individus composant la commune et les biens dont elle est propriétaire, ou dont elle a la possession.

Quant aux individus, les premiers soins qu'ils réclament de la part de ceux qui régissent la municipalité, c'est la Constitution, ou, tout au moins, la reconnaissance de leur état civil.

La nature nous donne à tous une famille. La Providence, en nous créant, nous jette sur un coin de terre déterminé : ce coin de terre est destiné à devenir notre patrie; mais la famille et la patrie ne donnent pas le droit de cité.

Si la commune est une agrégation d'habitans, une association légale, un corps moral capable de vouloir et d'agir, nul ne peut, de son autorité privée, à l'insu de la commune, sans son consentement au moins tacite, venir augmenter tout à coup le nombre de ses membres.

Il faut que dans toutes les occasions l'homme puisse exhiber de son diplome municipal, qu'on nous passe le mot.

Ce diplome est un contrat par lequel il échange l'état de nature contre l'état de société, et fait à ses semblables le sacrifice de cette liberté sauvage dont il pourrait jouir dans l'isolement, afin d'en obtenir la protection bienfaisante qui résulte d'un mutuel appui.

Or, tout contrat suppose nécessairement le concours de deux volontés : dans celui-ci, apparaissent d'un côté celle du nouveau-né, qui traite par l'organe de son père ou de son représentant, et, de l'autre côté, celle de la commune, qui consent à le recevoir dans son sein pour le transmettre à la nation dont elle fait partie.

Le premier état civil de l'homme est sujet à subir d'importantes modifications.

L'âge où la nature l'invite à se reproduire arrive : s'il n'était pas un être social, il satisferait brutalement à ce besoin; et l'esprit le plus superficiel peut calculer toutes les suites d'un tel désordre.

Mais déjà nous avons vu son nom inscrit au rôle des *citoyens*. Dès ce moment, il n'a plus la licence de disposer de lui d'une manière indéfinie ; il ne lui reste que le droit de se choisir une compagne, et de former avec elle une union indissoluble, afin de procréer des *citoyens* nouveaux, et de perpétuer la commune.

Elle est donc intéressée personnellement à cette grande affaire, cette commune à laquelle il appartient, et dès lors elle doit au moins en être le témoin principal.

Le terme de l'existence arrive ; la mort rompt le contrat qu'avait formé la vie, l'homme n'est plus, et le trépas le dégage de ses obligations envers ses semblables. L'acte en était synallagmatique ; ils sont donc dégagés aussi de leurs obligations envers lui. Mais cette résolution de conventions réciproquement formées que le trépas ordonne, la partie qui subsiste doit-elle l'ignorer, et l'irrévocable arrêt de la mort ne sera-t-il point notifié aux vivans ?

Il n'est personne qui ne comprenne que la même main qui avait tracé sur le registre le nom du décédé, venant au monde, ne doive aussi l'en effacer lorsque le temps est accompli.

Ainsi donc, les fonctions de maire et celles d'officier de l'état civil, sont inhérentes les unes aux autres, et notre surprise a été grande, quand nous avons entendu des personnages distingués émettre l'étrange vœu d'en voir rendre le dépôt aux ministres des cultes.

Nous nous empressons néanmoins d'applaudir aux bonnes intentions de ceux qui ont soulevé cette discussion. Dans l'état actuel des choses, les registres desquels dépendent et la fortune et l'existence même des familles, sont tenus et conservés avec tant de négligence! L'insouciance de certains fonctionnaires, l'excessive ignorance des autres, les coupables oublis de quelques-uns ont introduit tant de désordres dans cette partie si essentielle de l'administration municipale, que tous les hommes généreux en ont été épouvantés! L'excès du mal a fait chercher d'abord le remède le plus prompt, et l'on ne s'est pas aperçu, parce qu'on n'a pas pris le temps de réfléchir, que ce remède était mauvais.

On s'est rappelé ce qui fut autrefois, et l'on n'a pas songé aux circonstances dans lesquelles intervint, en 1639, l'ordonnance royale qui ébaucha l'établissement des registres de l'état-civil.

Une première observation nous frappe ; le roi-chevalier, le protecteur des arts, le père des lettres (1), ne fut cependant pas un prince philosophe. Dans ses institutions les plus honorables, on retrouve assez rarement l'application des grands principes du droit public (2).

A cette époque d'ailleurs, la réorganisation des communes récemment échappées à la domination féodale, était loin d'être complète. Les villes seules avaient des échevins et des consuls, dont la juridiction ne dépassait pas leur enceinte. Les officiers municipaux étaient inconnus à la nombreuse population des campagnes, tandis que chaque paroisse avait son curé.

---

(1) François Ier.

(2) Ce fut ce prince qui, après avoir obtenu de Léon X l'abolition de la pragmatique-sanction, conclut, en 1515, le concordat pour la collation des bénéfices : accord singulier qui donnait le spirituel à la puissance temporelle, et à la puissance spirituelle le temporel ; ce qui fit dire plaisamment que le pape et le roi se donnaient réciproquement ce qui ne leur appartenait pas.

Peut-être même faudrait-il ajouter ici que le but de François Ier n'était pas précisément de constater l'état des citoyens; l'article 51 de son ordonnance nous en indique l'esprit; il est ainsi conçu :

« Sera fait registre en forme de preuves de « baptême, qui contiendront le temps et l'heure « de la nativité, *et par l'extrait du registre « se pourra prouver le temps de majorité ou « de minorité, et faire pleine foi* A CETTE FIN. »

Voilà donc la *fin* principale qu'il se proposait; et qu'elle est différente de celle que doivent atteindre nos actes de l'état-civil (1)!

Que l'on daigne se rappeler enfin qu'en 1539, presque tous les Français étaient encore catholiques.

Tels furent les commencemens de cette institution, que Henri III confirma dans les Etats de Blois (2), et que perfectionnèrent

---

(1) Toutefois, ces registres tenus par les curés seuls, n'eurent point d'abord d'authenticité légale; ils ne faisaient foi qu'autant qu'ils étaient revêtus de la signature du notaire. (Art. 53 de l'ordonnance.) La difficulté d'en trouver à portée fit tomber ensuite cette disposition en désuétude.

(2) Etats de Blois, art. 181.

Louis XIV (1) et Louis XV (2); mais ces monarques ne voulurent point innover à des formes que des siècles avaient consacrées, dont les inconvéniens étaient appréciés faiblement, sur lesquelles, sans doute, on avait peu médité, et pour lesquelles aussi réclamaient peut être alors des scrupules religieux louables dans leur objet, mais outrés et féconds en combinaisons mesquines, en désastreuses conceptions.

Aujourd'hui, nous ne voyons rien qui puisse contrebalancer le poids des réflexions que nous avons jetées en tête de ce chapitre. L'esprit des temps modernes, nos opinions, nos mœurs leur prêtent une nouvelle force.

Que l'homme associe la religion à l'acte le plus important de sa vie; qu'il appelle sur son hymen, sur sa famille future les bénédictions du Ciel; que les époux se jurent, à la face de Dieu, une fidélité constante; qu'un ministre des autels reçoive l'expression mutuelle de leurs sermens et de leurs vœux, pour la transmettre à l'Eternel, cette imposante solennité couronne dignement le plus saint des con-

(1) Ordonnance de 1667, titre 20.

(2) Déclaration du 9 avril 1736.

trats, mais elle ne lui est point *essentielle*.

Indépendamment de la célébration religieuse, le mariage produit tous ses effets civils; il doit donc en exister un acte différent de celui qu'un prêtre peut dresser en cette qualité, et ces deux actes différens devront-ils émaner de la même personne? Outre la contradiction manifeste qui éclaterait dans une telle pratique, ne trouve-t-on pas ici, en réponse à cette question, cette belle pensée de M. de Bonald, déjà citée, « qu'on ne saurait assez séparer le religieux du civil, dans les moyens, parce que le religieux et le civil se réunissent dans le but? »

Allons plus loin : la liberté des cultes proclamée en France, entraîne nécessairement après elle la *sécularisation* de la loi (1).

Presque toutes les religions connues célèbrent la naissance, les noces et les obsèques des croyans. On dirait qu'il existe dans le cœur de l'homme un vide immense que la Divinité seule peut remplir, et c'est surtout dans les grandes circonstances de la vie que ce vide est plus vivement senti.

---

(1) M. Portalis, séance du Corps législatif du 16 ventose an 11.

Mais quelle diversité ne remarque-t-on pas dans les rites des différentes sectes? Sous l'ancien régime, tant que les religionnaires furent tolérés en France, on fut contraint de faire pour eux des règlemens particuliers. C'est ainsi qu'en 1685, un arrêt du conseil leur permit de faire baptiser leurs enfans par des ministres du choix de l'intendant de leurs provinces (1), et que quelques mois plus tard il en intervint un second, qui leur laissait la faculté de se faire marier par les mêmes ministres, pourvu que ce fût en présence du principal officier de justice de la résidence de ces derniers, que lors de la célébration il ne fût fait ni exhortation ni prêche, et qu'il n'y assistât personne, si ce n'étaient les parens des époux, jusqu'au quatrième degré (2).

S'il fallait renouveler aujourd'hui des dispositions analogues, s'il fallait les étendre surtout à tous les cultes et les modifier selon les usages de chacun, notre législation ne deviendrait-elle pas un chaos? Alors le *mohël* (3) des

(1) Arrêt du conseil du 16 juin 1785.

(2) *Idem* du 15 septembre suivant, devenu inutile par la révocation de l'édit de Nantes, survenu le 1er octobre.

(3) Nom hébraïque de celui qui opère la circoncision.

Juifs serait fait officier de leur état civil; mais le théiste et le quaker, à qui pourraient-ils s'adresser?

Tenons donc pour certain qu'à cet égard rien ne doit être changé aux usages actuels, et que, dans chaque municipalité, le maire, à son défaut ses adjoints, sont essentiellement et les dépositaires et les rédacteurs des actes de naissance, de mariage et de décès.

Que si les plus répréhensibles abus se sont glissés dans la manière dont en général ils ont rempli jusqu'ici leurs devoirs principaux, convenons tous de bonne foi, que la cause en est dans le vice de l'organisation municipale; qu'ils disparaîtront aussitôt que des hommes capables seront mis à la tête des communes, et que, par conséquent, on ne saurait les retrouver, ces abus, dans *l'utopie* que nous avons faite.

Une objection nous est préparée, sans doute, et nous nous empressons de la prévenir.

Comment dans nos grandes municipalités cantonales un officier de l'état civil pourra-t-il suffire? Avons-nous pensé à la longueur des distances, et aux difficultés qu'elles font naître?

Difficultés chimériques! ces distances sont-elles un obstacle quand il faut recourir aux justices de paix? Cependant on court au prétoire, des extrémités du canton, pour le plus modique intérêt; et quand il s'agira des plus importantes affaires, la même distance à parcourir pourrait être un empêchement!

Le seul inconvénient réel qu'on trouverait dans notre système, si nous ne l'avions pas prévu, serait l'impossibilité d'exécuter à la lettre les dispositions des articles 55 et 57 du Code, relatives à la certitude que doit se procurer lui-même l'officier de l'état civil, et de la naissance et du décès des citoyens.

Mais quelqu'utile que soit une précaution aussi sage, le maire peut y être suppléé.

Par exemple, pourquoi le conseiller municipal à la résidence de chaque fraction de la municipalité cantonale ne serait-il pas chargé par la loi des vérifications qu'elle ordonne?

En ce cas, tout individu qui se présenterait au maire dans les délais prescrits, assisté de ses deux témoins, pour faire une déclaration ou de naissance ou de décès, serait porteur en outre du certificat délivré par le conseiller de son domicile; et pour surcroît de précaution, celui-ci fournirait tous les mois l'état des mouvemens survenus dans la population de sa section municipale.

Enfin, on pourrait lui donner la mission de renouveler sur les lieux les publications de bans qui précèdent le mariage, et d'en fournir aux futurs un certificat authentique, qui serait annexé au registre. Ainsi, toutes les vues du législateur seraient parfaitement remplies, toutes ses intentions satisfaites.

Abandonnerons-nous ce sujet sans dire un mot des mutations de domicile ?

Les questions qui s'y rattachent sont entièrement liées à celles que nous venons de traiter; le lieu du domicile en effet est celui ou l'on exerce ses droits de citoyen et ses droits civils.

Il est déterminé d'abord par des circonstances légales qu'il est inutile de rappeler; personne n'ignore le texte des articles 7, 102 et suivans du Code, non plus que celui du décret du 17 janvier 1806.

Mais s'il survient des mutations de domicile, les communes deviennent parties intéressées.

L'une perd en ce cas le citoyen que l'autre gagne ; aussi le législateur a-t-il sagement ordonné que le transfert du domicile *politique* ne pût s'opérer qu'en vertu de déclarations formelles faites à la municipalité que l'on quitte et à celle que l'on adopte (1). Moins rigoureusement exigées pour le changement du domicile civil (2), ces déclarations devraient l'être, et nous voudrions que, dans toutes les mairies, il existât un registre spécial destiné à les recevoir. Il n'est certainement pas besoin de dire qu'aux maires seuls appartient le soin de tenir ces registres.

---

(1) Décret du 17 juillet 1816.

(2) Code civil, art. 102 et suivans.

CHAPITRE XI.

ttributions du pouvoir municipal.—Police des personnes.

L'homme, devenu membre du corps commun, a le droit d'en attendre tous les secours contre lesquels, ainsi que nous l'avons dit dans le chapitre qui précède, il a fait l'échange de cette liberté sauvage qu'il tenait de la nature.

Or, ces secours, il devra les recevoir principalement des fonctionnaires commis à l'administration de ce corps commun dont il va faire partie désormais.

Ces fonctionnaires auront donc à veiller à la conservation, à la sûreté de leurs administrés, pris collectivement et individuellement, et sous tous les rapports possibles; et voilà ce qui constitue la police municipale, police bienfaisante dont l'action s'étend à une infinité de détails que diverses lois ont réglés déjà, mais qu'il serait à propos de rappeler et de grouper dans la loi nouvelle, comme étant les conséquences directes des principes établis plus haut sur la nature du pouvoir municipal.

Nous essaierons d'en indiquer quelques-uns, sans nous livrer, à cet égard, à une discussion approfondie, parce que nous n'avons point remarqué que la matière qui nous occupe en ce moment, ait jamais donné lieu à de sérieuses controverses.

Le maintien des bonnes mœurs, sans lesquelles la conservation de toute société est démontrée impossible, est le premier devoir des administrations municipales. Ainsi, tout ce qui tend à les corrompre, tout ce qui tend à les améliorer, tout ce qui tend à les modifier directement ou indirectement, est essentiellement de leur ressort, et réclame leur vigilance.

« De ce principe dérive pour chaque maire « l'obligation de faire respecter la liberté des « cultes religieux, d'empêcher qu'ils ne soient « troublés, soit par des tumultes excités dans « l'intérieur des temples, soit par des attrou- « pemens, des clameurs, des désordres ve- « nant des maisons ou des rues voisines; de « surveiller d'une manière particulière les « personnes soupçonnées de favoriser la dé- « bauche ou de corrompre les jeunes gens des « deux sexes; d'empêcher qu'aucun individu

« ne se baigne publiquement dans des en-
« droits voisins des habitations; de prohiber la
« vente ou l'exposition de toute image obs-
« cène, etc. (1). »

A eux seuls appartient le droit absolu d'autoriser ou de défendre les spectacles, les jeux et les fêtes; de régler et de surveiller les lieux et réunions publics, les foires et les marchés; ils devront en écarter avec soin « les diseurs
« de bonne-aventure, et les escrocs qui volent
« l'argent des habitans des campagnes, par
« des loteries ou des jeux de hasard..... Ils
« devront faire fermer à des heures convena-
« bles les cabarets, cafés, salles de danse, etc.;
« réprimer les rixes et les disputes, dissiper
« les attroupemens (2). »

Sous leur inspection immédiate doivent être placées les écoles d'enseignement primaire et les colléges communaux; ils ne seront pas étrangers non plus à la police des autres écoles publiques; mais celles où se font les hautes études étant plus directement soumises au régime universitaire, exigeront de la

(1) M. Lagarde, ancien préfet de Seine-et-Marne.

(2) *Idem.*

part des magistrats des communes des soins moins immédiats.

La salubrité, la sûreté des citoyens doivent exciter leur zèle, et devenir l'un des principaux objets de leur sollicitude.

Ils seront donc appelés à prendre toutes les précautions prescrites par l'hygiène, selon les circonstances et les cas, ce qui, dans notre pensée, renferme les mesures conservatrices de la salubrité de l'air et des eaux ; la surveillance des comestibles et des boissons, celle de la vente des médicamens et des substances vénéneuses, celle à exercer sur les médecins, chirurgiens, sages-femmes et officiers de santé de toute sorte et de tout grade ; la police des inhumations, le placement des cimetières, les épidémies, contagions, etc.

Ils devront ordonner tout ce qui intéresse la sûreté et la commodité dans les rues, quais, places et voies publiques ; ce qui comprend le nettoyement, l'illumination, l'enlèvement des encombremens, la démolition ou la réparation des bâtimens menaçant ruine ; l'interdiction de rien exposer aux fenêtres ou autres parties des bâtimens qui puisse nuire par sa chute, et celle de rien jeter qui puisse blesser, endommager les passans ou causer des exhalaisons nuisibles (1).

Ils préviendront par toutes les précautions convenables, ou feront cesser, par la distribution des secours nécessaires, les accidens et fléaux, tels qu'incendies, inondations, etc.

Ils obvieront aux évènemens fâcheux qui pourraient être occasionnés par les insensés ou les furieux laissés en liberté, ou par la divagation des animaux malfaisans ou féroces (1).

Ils rechercheront les crimes et les délits, ils en constateront les circonstances, feront saisir les malfaiteurs, les mendians, les vagabonds et les gens sans aveu; ils surveilleront les forçats libérés; ils contraindront les aubergistes et logeurs « à tenir exactement le re-« gistre prescrit par l'article 5 du titre 1er de « la loi du 22 juillet 1791, relative à la police « municipale; ils ne laisseront établir dans la « commune aucun individu, sans exiger de « lui la représentation du passe-port en vertu « duquel il est sorti de celle qu'il habitait pré-

---

(1) Art. 3 de la loi du 24 août 1790.

(2) *Idem.*

« cédemment, et la déclaration de ses moyens « d'existence.

« Ils prendront des renseignemens particu« liers sur tout nouvel habitant dont les pièces « ou les déclarations laissent des doutes, re« commanderont à la surveillance spéciale de « la gendarmerie ceux sur lesquels le maire « de leur dernier domicile n'aurait pas donné « des renseignemens satisfaisans, ou qui n'au« raient pas des répondans sûrs (1). »

Ils viendront au secours de tous les malheureux; par conséquent, ils régiront les établissemens de bienfaisance et de charité, les hospices civils, les dépôts de mendicité, les prisons.

Premiers garans de leurs concitoyens, les maires leur fourniront, au besoin, tous passeports et tous certificats.

Protecteurs nés de leurs droits, mais chargés de fournir à l'Etat le contingent d'hommes de guerre assigné à chaque municipalité, ils dresseront les listes annuelles de recrutement, assisteront aux opérations du tirage, y accompagneront les jeunes gens, présenteront leurs réclamations, et les feront valoir dans les con-

---

(1) M. Lagarde.

seils de révision ; ils recevront les enrôlemens volontaires ;

Dans tous les cas, ils seront la sauve-garde de la liberté individuelle, opposant une résistance opiniâtre à tous les évènemens qui, hors les cas prévus par la loi, pourraient la compromettre.

Les agens de la force publique seront, en conséquence, tenus d'exhiber, sur leur réquisition, tout mandat dont l'exécution serait par eux tentée. Ce n'est pas tout ; tous ces agens, de quelque espèce qu'ils soient, seront soumis à la surveillance habituelle des maires, et devront même leur obéir, tant que ceux-ci ne sortiront pas du cercle de leurs attributions.

Le domicile des citoyens est inviolable ; l'assistance du maire ou de son délégué deviendra donc indispensable toutes les fois qu'un agent judiciaire ou administratif quelconque devra s'y introduire la nuit.

Tout citoyen a le droit d'exercer son industrie, ou de faire à son gré tel commerce qu'il lui plaît, en se conformant aux lois ; le maintien de ce droit, et par suite la protection des opérations commerciales ou industrielles, la libre circulation des denrées, appellent l'attention des administrations municipales.

Nous n'en finirions pas, si nous voulions parcourir la série de toutes leurs attributions, relativement aux personnes. Nous nous sommes bornés à indiquer les principales, comme étant de l'essence du pouvoir municipal. Il faut laisser le soin aux auteurs de la loi de rechercher toutes celles que nous avons omises, et qu'ils retrouveront, soit dans les dispositions anciennes, soit dans les besoins de la société. Contentons-nous d'ajouter à ce qui précède, qu'il n'y a aucun inconvénient à déléguer aux maires certaines fonctions publiques qui tiennent moins à la nature de leur pouvoir qu'elles ne dépendent de l'administration générale, mais dans lesquelles néanmoins la coopération des officiers des communes peut être d'une très-grande utilité. Invités par eux à se conformer scrupuleusement aux lois de l'Etat, leurs concitoyens en trouveront l'observance moins difficile.

Ainsi, il serait à propos de conserver aux administrations municipales le soin de répartir entre les contribuables les impositions publiques, et d'en surveiller la perception. Aucune mesure ne sera trouvée vexatoire, lorsqu'elle sera prescrite, ou seulement autorisée par les protecteurs naturels des intérêts du peuple, par ses mandataires immédiats; et si l'on réfléchit, on verra que les administrations municipales, employées comme intermédiaires dans ces circonstances, seront un puissant moyen de faciliter les opérations du trésor.

Les communes se trouveront ainsi en harmonie avec la Charte constitutionnelle, avec le gouvernement représentatif. Et qui s'est jamais avisé de contester cette grande vérité de fait, que cette forme de gouvernement est la plus favorable à la perception des finances?

Qu'un despote essaie aujourd'hui en France de prélever chaque année près d'un milliard d'impôts, il échouera contre les résistances individuelles, tandis que les ministres d'un roi constitutionnel, se présentant avec franchise à la tribune pour y exposer les besoins de l'Etat, et demander, afin de les couvrir, ce milliard annuel aux députés des départemens, sont presque sûrs de l'obtenir.

Or, lorsque les représentans des contribuables, lorsque ceux qu'ils ont chargés eux-mêmes de défendre et leurs libertés et leurs fortunes, après avoir scruté sévèrement les propositions des ministres, en ont reconnu la nécessité, en ont voté l'accomplissement, tout prétexte n'est-il point enlevé aux murmures, toute idée de désobéissance ne doit-elle pas s'évanouir?

Nous pourrions nous arrêter plus long-temps sur les combinaisons diverses auxquelles peut donner lieu l'accord de la haute administration avec l'administration municipale; mais pressés d'arriver au terme, nous devons nous borner à indiquer les abus et les moyens d'y obvier; il est facile, du reste, de reconnaître ce qui déjà existe de bien à cet égard; il ne s'agit que de le mettre en œuvre.

CHAPITRE XII.

Suite des attributions du pouvoir municipal. — Administration des choses. — Centralisation.

Les attributions du pouvoir municipal, considérées sous le rapport qui nous occupe maintenant, ont un double objet; elles s'étendent aux choses qui appartiennent aux individus, et à celles qui appartiennent à la communauté, avec cette différence néanmoins qu'elles ne touchent aux premières qu'en tant qu'elles se lient aux intérêts communs, tandis qu'elles embrassent les secondes directement, et d'une manière intime, à cause de leur destination. Le but de toute administration appliquée aux choses, est la conservation, l'amélioration et l'accroissement des biens que l'on possède, et même l'acquisition de ceux que l'on ne possède pas. Il suit de là que dans les attributions du pouvoir municipal appliqué aux choses appartenant aux individus, se classe toute la police rurale, sauf les jugemens à prononcer contre les délinquans, qui sont essentiellement du ressort des tribunaux. Ainsi, tous les soins relatifs à la conservation des récoltes, des troupeaux, et à l'amélioration des races; ceux de l'échenillage, la publication des bans de vendange, les règlemens des droits de parcours et de vaine pâture, la propagation des découvertes utiles à l'agriculture, appellent tous les soins des administrations municipales.

Quant aux choses appartenant à la communauté, il est évident qu'au pouvoir municipal seul appartient le droit de les régir. Sous ce rapport, les obligations des maires sont infiniment étendues, et leurs attributions embrassent un cadre immense.

Elles sont parfaitement déterminées dans les lois que nous possédons déjà; en recueillir le tableau ne serait qu'un travail mécanique auquel nous ne nous livrerons point; mais il n'est personne qui ne sente que ce tableau doit se trouver dans la loi municipale, qui, comme nous l'avons répété plusieurs fois, ne doit point présenter de lacunes.

Qu'elle rappelle donc dans l'un de ses titres qu'au pouvoir municipal appartiennent l'administration des biens communaux, de quelqu'espèce et de quelque nature qu'ils soient, celle des revenus des communes, celle des chemins vicinaux, la surveillance des opérations des fabriques, la suite des actions à intenter, et des procès à soutenir.

Qu'elle descende dans tous ces détails pour régler tout ce qui ne l'est pas, ou remettre en vigueur, s'approprier et grouper les bonnes règles déjà faites, et qu'on ne trouve que péniblement aujourd'hui, dans les volumineux recueils où elles sont éparses.

En faire la recherche dans cet ouvrage n'est jamais entré dans nos intentions, seulement nous nous attacherons dans un instant à indiquer celles qui doivent être corrigées ou refaites, parce qu'elles sont inconstitutionnelles ou mauvaises. Il nous reste à signaler ici un véritable fléau en administration; il nous reste à nous élever, avec tous les publicistes modernes, contre cette funeste centralisation dont nous avons parlé déjà en passant. Ce système en effet, ne peut être en harmonie qu'avec un gouvernement absolu; tant qu'on le maintiendra, l'affranchissement des communes ne sera qu'une chimère. Si l'on veut coordonner nos institutions civiles avec le droit public des Français, il faut qu'en la renfermant dans ses véritables limites, on rende l'administration municipale aussi libre que l'est celle d'une famille privée entre les mains de son chef.

Ainsi donc, l'intervention de l'autorité supérieure doit en disparaître à jamais, et les règlemens proposés par les maires et adoptés par les conseils municipaux, doivent se passer de toute approbation de sous-préfets, de préfets et de ministres. Nous verrons plus tard comment la loi doit établir la responsabilité des magistrats des communes, et prévenir tout excès et tout abus de pouvoir de leur part, soit à l'encontre de l'Etat, soit à l'encontre des simples particuliers; car nous n'entendons pas non plus que l'administration municipale soit absolument indépendante. Expliquons-nous : qu'on la délivre de toutes les entraves qui empêchent ou qui retardent le bien qu'elle peut et qu'elle doit faire, et qu'on enchaîne sa volonté pour le mal. C'est ainsi que tous les bons esprits entendent la véritable liberté : revenons. Les constructions nouvelles, les réparations aux édifices existant déjà, les cimetières, les fontaines et les bains publics; tout cela ne pourrait-il pas être fait tout simplement d'après des plans dressés par des hommes de l'art, approuvés par les conseils municipaux, sous la direction des maires ou des adjoints ?

Que s'il s'agit d'aliéner des biens quelconques, de quelque façon qu'on l'entende, nous l'avouons, de plus grandes précautions sont à prendre, des garanties plus formelles sont indispensables, et les avis des autorités municipales devront être soumis à la sanction du roi, parce que des actes de cette nature excèdent les bornes d'une simple administration; mais c'est peut-être la seule exception à proposer au système général de l'affranchissement des communes.

Quant aux actions à intenter, et aux procès à soutenir, quelle nécessité de recourir à l'autorisation des préfets ou du gouvernement? quelle garantie présente une tutelle de cette espèce? La délibération du conseil municipal intervenue sur la proposition du maire et après la consultation de trois avocats, peut-elle être considérée comme insuffisante? Pense-t-on que des fonctionnaires étrangers aux localités seront capables de mieux apprécier leurs intérêts réels que leurs mandataires spéciaux, dont l'attention n'est distraite par aucun objet d'un genre tout différent, et qui ne sont occupés que des soins soumis à leur vigilance? Pense-t-on que des hommes peu familiarisés avec les matières du droit et les détours de la chicane, verront fort clair dans des contestations judiciaires, et que leur suffrage puisse être d'un grand poids dans la détermination des communes lorsqu'elles auront à plaider ?

En vérité, quand l'attention s'arrête sur les formalités ridicules et sur les précautions dérisoires dont on a jusqu'à ce moment embarrassé la marche des administrations municipales, il est impossible de contenir les mouvemens d'indignation qu'excitent de telles absurdités.

Parlerons-nous des revenus des communes? et quels sont-ils? presque nuls. Il est important que l'on s'attache à les augmenter; sans cela, toute réforme est imaginaire. Nous en verrons plus tard le moyen; occupons-nous seulement ici de leur emploi, de la manière de le justifier, de celle de déterminer les dépenses, de régler les recettes, d'apurer les comptes, et, pour tout dire en un mot, occupons-nous du budget des communes.

D'après la méthode suivie, ce mot est un véritable *non sens*.

Ce ne sont pas en effet les administrations municipales qui font leur budget : quelques vaines propositions sont présentées par les maires, qui en trouvent le germe dans les cadres imprimés, ouvrage des employés des finances, à des conseils municipaux qui ne les comprennent pas, ou qui n'y prennent aucun intérêt, parce qu'ils savent bien qu'ils ne sont qu'une cinquième roue à un char; après cela, des sous-préfets interviennent qui tranchent et taillent souvent à leur gré, adoptant ou rejetant au hasard, ou plutôt signant de confiance le mauvais travail d'un commis, parce qu'ils n'ont pas le temps de tout faire. Après eux, messieurs les préfets décident, ou approuvent par leur signature aussi, peut-être assez légèrement, les décisions suprêmes de leurs secrétaires intimes ou de quelque chef de bureau. Or, comment ces fonctionnaires divers, tous placés en dehors des communes, dont ils déterminent les besoins à venir, peuvent-ils en avoir connaissance? N'est-ce pas là un bien déplorable manége, et ne reconnaîtra-t-on pas qu'il est fait pour paralyser tout le bien que quelques maires auraient, cependant, la bonne intention de faire?

Dirons-nous tout? Que l'on ne nous porte pas le défi d'établir que quelquefois, et sous certains préfets, dont heureusement néanmoins on fut rarement affligé, des dépenses urgentes, indispensables, reconnues telles par des conseils municipaux véritablement éclairés sur les besoins réels de leurs communes, votées par eux, et auxquelles on pouvait faire face à l'aide des recouvremens ordinaires, ont été, d'un trait de plume, biffées ou dans les bureaux de sous-préfectures ou dans ceux des préfectures, parce que, pour plaire à telle ou telle autre puissance, on a voulu donner aux fonds qui devaient couvrir ces dépenses, une destination toute autre et pour le moins complètement inutile; par exemple, des abonnemens à des journaux ministériels, ou tous autres emplois de ce genre.

C'est en cette partie, surtout, que doit disparaître désormais le contrôle, si justement flétri par l'opinion publique, du ministère et de ses agens. Qu'on laisse aux communes le droit de dépenser leur argent à leur gré. Cet argent ne leur appartient-il pas, n'a-t-il pas coûté assez de sueurs aux membres de la communauté qui le fournissent? Et quelle crainte peut-on avoir? qu'elles en fassent un mauvais usage? Ah! qu'on se rassure en ce point.

L'esprit d'opposition existe dans toutes les assemblées délibérantes; donc rien ne sera résolu dans les municipalités, sans que la majorité des conseillers municipaux ait eu long-temps à lutter contre les efforts d'une minorité d'autant plus redoutable, qu'elle est peut-être plus indisposée, plus jalouse, plus tenace, dans les petites localités où tout le monde se connaît, où règne l'esprit de coterie, et dans lesquelles les passions, moins distraites, sont aussi plus véhémentes. Jamais, par conséquent, aucune délibération n'y sera prise légèrement, aucun arrêté n'y sera possible même, s'il n'est marqué au coin de la sagesse, parce que c'est la seule puissance qui, dans les circonstances que nous supposons, puisse rallier les bons esprits.

Ainsi donc, que les comptes de l'année précédente soient définitivement apurés par les conseils municipaux dans leur sessiou annuelle; que le budget de l'année suivante y soit définitivement arrêté, et qu'aucun étranger ne se mêle de ces affaires de famille, auxquelles il n'a rien à voir.

Dispensons-nous de pousser plus avant nos censures. Le malheur de la centralisation, son iniquité, son illégalité sont reconnus; ce que nous en avons exprimé, ce que cent autres en diront encore n'éprouvera jamais de contradiction de bonne foi. Hâtons-nous de passer à un autre sujet.

CHAPITRE XIII.

Administration des choses. — Suite. — Voirie municipale. — Législation des chemins vicinaux.

Au nombre des choses soumises à l'administration municipale, il en est qui doivent être traitées avec quelque étendue, parce que la législation actuelle qui les régit exige dans ses détails une réforme complète.

Lorsqu'en 1824 on nous fit une loi sur les chemins vicinaux, nous ne pûmes nous empêcher d'élever la voix pour en faire ressortir les vices, et pour en solliciter une autre. Nous publiâmes, à cette époque, un opuscule qui n'était, en quelque sorte, qu'un extrait de l'ouvrage que nous méditions dès lors, et qu'aujourd'hui nous donnons au public. Cet extrait, nous n'hésitons pas de le reproduire en ce moment, avec d'autant plus de raisons, qu'une expérience de trois ans n'a fait que confirmer les idées que nous avions conçues autrefois.

Depuis fort long-temps l'entretien des chemins vicinaux en France était entièrement négligé : l'administration municipale ne trouvait, dans les lois existantes, que des moyens impuissans pour subvenir aux frais que rendait indispensable le besoin de les conserver. La marche qui lui était tracée, pleine de longueurs et d'obstacles, excusait presque la funeste insouciance, ou tout au moins l'inaction des magistrats des communes. Des empiétemens sans nombre avaient été commis, et d'immenses dégradations s'étaient insensiblement opérées; de sorte que, dans la plus grande partie du royaume, les communications partielles, si nécessaires à la prospérité publique, devenaient de jour en jour plus difficiles, impossibles même sur quelques points, durant l'hiver. De toutes parts s'élevaient de pressantes sollicitations adressées au gouvernement, pour en obtenir le moyen de mettre enfin un terme à ce fléau : tous les ans on en trouvait le vœu renouvelé dans les délibérations des conseils-généraux des départemens. Le roi sentait combien était urgente la nécessité d'y répondre; et pendant la session des Chambres de 1824, ses ministres leur présentèrent un projet de loi qui fut adopté par elles avec quelques modifications, et que l'administration municipale est chargée de faire exécuter.

Cette loi est ainsi conçue :

« Art. 1er. Les chemins reconnus par un arrêté du préfet, sur une délibération du conseil municipal, pour être nécessaires à la communication des communes, sont à la charge de celles sur le territoire desquelles ils sont établis, sauf le cas prévu par l'article 9 ci-après.

« Art. 2. Lorsque les revenus des communes ne suffisent point aux dépenses ordinaires de ces chemins, il y est pourvu par des prestations en argent ou en nature, au choix des contribuables.

« Art. 3. Tout habitant chef de famille ou d'établissement, à titre de propriétaire, de régisseur, de fermier ou de colon partiaire, qui est porté sur l'un des rôles des contributions directes, peut être tenu pour chaque année,

« 1° A une prestation qui ne peut excéder deux journées de travail ou leur valeur en argent, pour lui et pour chacun de ses fils vivant avec lui, ainsi que pour chacun de ses domestiques mâles, pourvu que les uns et les autres soient valides, et âgés de vingt ans accomplis ;

« 2° A fournir deux journées au plus de chaque bête de trait ou de somme, de chaque cheval de selle ou de luxe, et de chaque charrette en sa possession pour son service, ou pour le service dont il est chargé.

« Art. 4. En cas d'insuffisance des moyens ci-dessus, il pourra être perçu sur tout contribuable jusqu'à cinq centimes additionnels au principal de ses contributions directes.

« Art. 5. Les prestations et les cinq centimes mentionnés en l'article précédent seront votés par les conseils municipaux, qui fixeront également le taux de la conversion des prestations en nature. Les préfets en autoriseront l'imposition; le recouvrement en sera poursuivi comme pour les contributions directes; les dégrèvemens prononcés sans frais, les comptes rendus comme pour les autres dépenses communales.

Dans le cas prévu dans l'article 4, les conseillers municipaux devront être assistés des plus imposés, en nombre égal à celui de leurs membres.

« Art. 6. Si des travaux indispensables exigent qu'il soit ajouté par des contributions extraordinaires au produit des prestations, il y sera pourvu, conformément aux lois, par des ordonnances royales.

« Art. 7. Toutes les fois qu'un chemin sera habituellement ou temporairement dégradé par des exploitations de mines, de carrières, de forêts ou de toute autre entreprise industrielle, il pourra y avoir lieu à obliger les entrepreneurs ou propriétaires à des subventions particulières, lesquelles seront, sur la demande des communes, réglées par les conseils de préfecture, d'après des expertises contradictoires.

« Art. 8. Les propriétés de l'Etat et de la couronne contribueront aux dépenses des chemins communaux, dans les proportions qui sont réglées par les préfets en conseil de préfecture.

« Art. 9. Lorsqu'un même chemin intéresse plusieurs communes, et en cas de discords entre elles sur la proportion de ces intérêts et des charges à supporter, ou en cas de refus de subvenir auxdites charges, le préfet prononce en conseil de préfecture sur la délibération des conseils municipaux, assistés des plus imposés, ainsi qu'il est dit à l'article 5.

« Art. 10. Les acquisitions, aliénations et échanges ayant pour objet les chemins communaux, seront autorisés, par arrêtés des préfets en conseil de préfecture, après délibération des conseils municipaux intéressés, et après enquête *de commodo et incommodo*, lorsque la valeur des terrains à acquérir, à vendre ou à échanger, n'excédera pas trois mille francs.

Seront aussi autorisés par les préfets, dans les mêmes formes, les travaux d'ouverture et d'élargissement desdits chemins, et l'extraction des matériaux nécessaires à leur établissement, qui pourront donner lieu à des expropriations pour cause d'utilité publique, en vertu de la loi du 8 mars 1810, lorsque l'indemnité due aux propriétaires pour les terrains et les matériaux, n'excède pas la même somme de trois mille francs. » (*Bulletin*, 685.)

Les départemens avaient pris, à la discussion des dispositions qu'on vient de lire, le plus vif intérêt; cette discussion fut courte dans l'une et l'autre Chambres, quoiqu'un grand nombre d'amendemens y fussent proposés; et une loi quelconque sur les chemins vicinaux était trop ardemment désirée pour qu'on ne reçût point celle-ci comme un bienfait, quoiqu'elle fût dès lors trouvée fort incomplète. Mais quand on l'a étudiée dans ses détails, et sans prévention, on est forcé d'en reconnaître toute l'insuffisance d'une part, une répartition défectueuse dans l'impôt qu'elle établit, de l'autre; et par-dessus tout cela, l'impossibilité de la faire exécuter avantageusement. Basée sur un principe fort juste, la loi nouvelle crée, dans son article 1er, une obligation qui en est la conséquence. Elle veut que les chemins vicinaux n'existant que dans l'intérêt des communes, entre lesquelles ils établissent des communications, les réparations à y faire, et les dépenses ordinaires de ces chemins, soient à la charge de ces communes. Peut être était-il convenable de rappeler, en les rangeant dans la même catégorie, quelques autres chemins qui, quoique du second ordre, n'en sont pas moins importans : ce sont ceux qui servent aux communications des sections de communes entre elles, et avec leur chef-lieu.

Cela posé, la première opération à prescrire était la reconnaissance des chemins vicinaux, laquelle, pour être utile dans le but du législateur, devait avoir un double objet; 1° d'en déterminer le classement, la situation et le degré d'utilité ; 2° d'en décrire l'état actuel, et les améliorations à y faire. Ce double objet ne pouvait être rempli que par une double opération, l'une confiée à l'administration, l'autre à des gens de l'art agissant conjointement avec elle. Or, c'est dans cette partie surtout que la loi est doublement incomplète; elle ne renferme, en effet, d'autres dispositions à cet égard, que celle-ci :

« Les chemins reconnus par un arrêté du « préfet, sur une délibération du conseil mu« nicipal, pour être nécessaires à la commu« nication des communes, seront, etc. » (Article 1er.)

D'après cela, si les conseils municipaux se bornaient à déclarer que tels ou tels chemins sont nécessaires pour la communication de leurs communes respectives, à telles ou telles communes limitrophes, ils auraient tous rigoureusement rempli leur mandat. Si les préfets approuvaient leurs délibérations ainsi prises, la disposition légale serait exécutée; et cependant, quel résultat donnerait une pareille opération? Rien qu'un tableau des communications de chaque commune à la commune voisine; dès lors les chemins seuls compris dans ce tableau seraient réparés et entretenus; tous les autres seraient abandonnés définitivement; et désormais les habitans de deux communes situées aux extrémités opposées d'un arrondissement, qui voudraient communiquer entre eux, seraient forcés de suivre toutes les sinuosités des communications partielles existant entre chacune des communes intermédiaires. Mais est-ce-là, de bonne foi, ce que le législateur a voulu? Est-ce-là ce qu'il nous fallait? N'est-ce pas là, pourtant, la conséquence immédiate de ce qui est prescrit?

Des instructions viendront-elles expliquer, interpréter, étendre les dispositions de la loi? Mais quelles seront ces instructions? Par qui seront-elles données?

Pense-t-on que les communes sur lesquelles va peser l'énorme fardeau que la loi nouvelle leur impose, ne tâcheront pas de l'alléger autant qu'il dépendra d'elles? Pense-t-on que l'on trouvera dans la délibération des communes intermédiaires, par exemple, l'indication des chemins qui ne traversent leur territoire que sur des points inhabités, et pour la communication seulement d'autres communes que ce territoire sépare? Que l'on en soit bien convaincu, quelles que soient à cet égard les instructions qui leur seront transmises, tant qu'il leur sera possible de se retrancher derrière les termes de la loi, et de protéger de son égide leur résistance à se conformer à des instructions, les administrations locales chercheront, pour la plupart, à les éluder.

Sans doute la reconnaissance par commune, indiquée dans l'article 1er de la loi, devait s'y trouver aussi ; mais il nous semble qu'elle ne devait s'appliquer qu'aux chemins vicinaux du second ordre, à ceux qui, comme nous l'avons dit déjà, servent aux communications des sections d'une même commune entre elles et avec son chef-lieu, parce que ceux-là n'existent que pour un intérêt particulier, en quelque sorte. Mais quand il s'agira des chemins vicinaux du premier ordre, des chemins d'arrondissement servant aux communications des communes les plus éloignées, il faudra qu'il y ait de l'harmonie entre toutes ; il faudra donc, pour tout un arrondissement, un travail préparé et adopté par toutes ensemble, ou dans la réunion de leurs mandataires, et alors seulement le premier objet de la reconnaissance préalable à faire sera rempli ; on saura quelles sont, parmi les voies actuellement existantes, celles que de concert les communes auront désignées comme chemins vicinaux du premier ordre ; il ne pourra s'élever ni difficultés ni contestations ; et le procès-verbal qui sera dressé à cette occasion, déposé par ampliation dans les archives de chaque mairie, conservé en original dans celles de chaque sous-préfecture, vaudra réellement acte de prise de possession de la part des communes, sera réellement un contrat consenti par toutes, faisant loi entre elles, et établissant leurs droits contre les entreprises des particuliers.

Cela fait, avant d'obliger les communes à voter aucun impôt, soit en prestations, soit en argent, pour réparer et entretenir des chemins devenus leur propriété, ne faut-il pas connaître les besoins de chaque localité? Ne faut-il pas avoir par conséquent le toisé métrique de l'étendue de chaque chemin, du premier d'abord, et du second ordre ensuite, sur le territoire de chaque municipalité? la désignation de leur largeur moyenne et de ses variations, la description de leurs sinuosités et de leurs pentes? l'appréciation des ouvrages à exécuter pour les mettre en bon état, rectifier leur direction, adoucir la rapidité de leurs rampes? l'estimation des terrains à acquérir ou à échanger pour y parvenir? le devis enfin, aussi exact qu'il sera possible, des premiers travaux à y exécuter?

Or, l'on conçoit sans peine que, pour remplir un cadre pareil, le concours des gens de l'art et de l'administration municipale est indispensable. La loi nouvelle n'en parle pas;

et pourtant, est-il quelqu'un qui n'avoue que c'est l'unique moyen de bien faire, et que, dans l'état actuel des choses, on ne saurait se promettre un résultat avantageux de travaux exécutés au hasard, sans direction et sans suite? On le verra, les communes s'épuiseront en prestations dispendieuses pour remplir quelques ornières, ou niveler quelques ravins que les inondations et les glaces auront bientôt refaits; ce sera toujours à recommencer, et toujours inutilement.

Il est un autre objet fort important, et que la loi n'a pas prévu. Nous voulons parler des empiétemens qui ont été successivement commis sur les bords des chemins vicinaux, et qui, dans certains points, les ont presque étranglés. Ne faut-il pas que les communes rentrent en possession de ces terrains usurpés, et que leurs détenteurs puissent être contraints au désistement?

Nous n'ignorons pas qu'il existe sur cette matière d'autres dispositions légales, auxquelles on pourra nous renvoyer; mais, si l'on veut être de bonne foi, ne sera-t-on pas forcé de voir qu'elles sont insuffisantes, impuissantes même, à cause des formalités qu'elles prescrivent, et des contestations innombrables dont elles favorisent l'essor? Il faut ici que tout marche rapidement, quoiqu'avec ordre; que les empiétemens dont il s'agit une fois constatés, avec toute la prudence nécessaire pour inspirer la confiance que l'intérêt public n'a point été méconnu, et que les intérêts particuliers n'ont pas été froissés, le déguerpissement soit ordonné par la loi elle-même; qu'il le soit en dernier ressort, sans qu'en aucun cas les possesseurs aient le droit de réclamer contre cette mesure, et d'augmenter, par de vaines chicanes nuisibles à l'activité des travaux, les embarras du contentieux de l'administration. Bien des gens ne manqueront pas de crier à l'arbitraire; toutefois, qu'on y réfléchisse, l'arbitraire ne peut exister en France dans la loi; les trois pouvoirs qui concourent à sa confection nous en garantissent : il ne peut y en avoir que dans les moyens d'exécution qu'elle indique; et ceux à prescrire ici peuvent être tels que les individus atteints pas ses dispositions soient appelés en quelque sorte eux-mêmes à se rendre justice. Par exemple, certains empiétemens récens sont très-faciles à reconnaître; que les maires, assistés de leurs adjoints pour plus grande précaution, et, si l'on veut, d'un géomètre, soient chargés dans chaque municipalité d'en dresser un tableau contenant la désignation de leur étendue, les noms et prénoms de leurs possesseurs; que ces tableaux soient publiés et affichés en la manière ordinaire, pendant plusieurs jours, afin que chacun puisse en prendre communication, et faire part à l'administration, qui devra en tenir note écrite, de ses réclamations et observations : on y trouvera, sans contredit, des aveux et des découvertes; en un mot, les élémens nécessaires pour rectifier les erreurs commises, et connaître les empiétemens plus anciens non compris dans le premier travail; qu'ainsi refait et corrigé, il soit encore publié et affiché comme la première fois, que les réclamations et observations des parties soient reçues de la même manière; que tout cela soit soumis aux conseils municipaux réunis en assemblée générale et en conseil d'arrondissement; que dans cette assemblée, présentant toutes les garanties désirables, soit élaboré le troisième et dernier tableau des empiétemens constatés, et que la loi leur soit applicable. Est-ce que les esprits les plus ombrageux peuvent voir là de l'arbitraire? Le moyen que nous indiquons nous a paru simple, facile, court et juste;

peut-être en trouvera-t-on de bien meilleurs à y substituer. Quoi qu'il en soit, il reste au moins bien démontré que, sous plus d'un rapport, la loi nouvelle est incomplète. Voyons comment elle est défectueuse dans la répartition de l'impôt qu'elle crée. Elle met à la charge des communes la réparation et l'entretien des chemins vicinaux, cela est juste; mais elle établit comme règle générale de la proportion dans laquelle chacune devra contribuer à ces opérations et à cet entretien, l'étendue que ces chemins parcourent dans leur territoire respectif; voilà ce qui ne nous paraît pas parfaitement conforme à cette rigoureuse équité qui doit être la base de toute disposition légale.

Ainsi donc, d'après cette règle générale, à laquelle il n'est d'exception que celle posée dans l'article 9 de la loi, les communes les moins populeuses, quoique les plus étendues en superficie (et l'on sait bien que ce sont ordinairement les moins fertiles, et par conséquent les plus pauvres qui réunissent ce double caractère); ces communes seront celles qui supporteront la plus grande part des charges nouvelles imposées à toutes!

Ainsi donc, celles qui n'auront aucun intérêt au rétablissement ou à l'entretien de communications qui, en traversant une fort grande étendue de leur territoire, ne sont fréquentées par aucun de leurs habitans, n'en seront pas moins forcées de travailler à ce rétablissement et à cet entretien, si leurs conseils municipaux, fidèles à remplir leurs devoirs, et se conformant plutôt à l'esprit qu'à la lettre de la loi, les font figurer avec la qualification de chemins vicinaux dans les délibérations sur lesquelles le préfet devra les reconnaître.

Bien plus encore, si le maximum des prestations ou de leur valeur, joint aux ressources ordinaires de ces communes, est insuffisant, elles devront s'imposer extraordinairement, et acheter ou échanger à grands frais les terrains situés dans leur enceinte, qui seront indispensables à l'élargissement et à la rectification de ces chemins, quoiqu'ils ne soient utiles qu'à d'autres communes. Lorsque l'on voit quel peut être, dans de pareilles circonstances, le résultat de la loi nouvelle, tous les hommes de bien ne doivent-ils point, de concert, supplier le gouvernement d'en proposer l'abrogation ? Le législateur l'avait entrevu en partie ce résultat; mais peut-être ne l'avait-il pas envisagé dans son ensemble, ou tout au moins n'en avait-il pas approfondi toutes les conséquences. Nous voyons, en effet, qu'il a prévu le cas où des communes seraient de mécord entre elles sur la proposition de l'intérêt que chacune aurait à un chemin qui les intéresserait toutes, et il a ordonné que leurs prétentions respectives fussent jugées par les préfets en conseil de préfecture, après délibération de leurs conseils municipaux. (Art. 9.)

Mais les hypothèses dans lesquelles nous avons raisonné, et qui se présenteront fréquemment, ne sont point celles de l'art. 9 de la loi. On y suppose une inégalité d'intérêts entre plusieurs communes, et un conflit élevé sur les proportions de ces intérêts inégaux, tandis que nous avons supposé, nous, une absence totale d'intérêt pour quelques communes, lesquelles, aux termes de la loi, n'en seraient pas moins asservies à des prestations quelconques.

Voudra-t-on prétendre, en l'induisant des dispositions de l'art. 9, qu'en ce cas les préfets dispenseront les communes dont nous parlons de toute espèce de travail? Nous ne pensons point qu'une telle proposition soit soutenable, et que les préfets aient ce droit; mais, si cela était, voyez quels inconvéniens résulteraient de ce système. Voilà tout à coup une grande étendue d'un chemin vicinal, aujourd'hui presque impraticable, entièrement dépourvue de travailleurs et de moyens de transport pour les matériaux que nécessitera les réparations à y faire; on n'aura plus le droit de les requérir sur les lieux, ou dans les villages voisins; et comme la loi ne crée point d'ateliers d'ouvriers à gages, comme les contribuables ont le choix de fournir leurs prestations ou en nature ou en argent, il faudra faire arriver les attelages et les hommes, des communes intéressées fort éloignées peut-être de la partie du chemin à refaire ou à entretenir, et les journées entières se perdront ainsi en courses inutiles. Poursuivons notre examen.

Il est une vérité incontestable, c'est que les chemins d'arrondissement existent autant dans l'intérêt des villes que dans celui des campagnes. Les villes sont en général les entrepôts du commerce; c'est là que les étrangers affluent. Les négocians y laissent la plus grande part de leurs profits; c'est la population des villes qui, pour ses besoins, commande l'arrivée dans leurs murs d'approvisionnemens de toute espèce ; c'est pour elles que les routes sont continuellement fréquentées : il suit de là que les villes devraient contribuer, dans une proportion au moins égale avec les campagnes, à l'entretien des communications des communes ; et cependant la loi nouvelle met cet entretien presque exclusivement à la charge des communes rurales. En effet, beaucoup plus nombreux, les habitans des villes auront chacun beaucoup moins à faire ; d'autre part, ce qu'on appelle la banlieue pour les grandes cités, surtout, ne s'étend pas bien loin hors de leur enceinte ; sur leur territoire, par conséquent, les chemins vicinaux n'occupent point un grand espace ; enfin ce n'est pas là que l'on trouve le plus de domestiques mâles, de bêtes de somme, ou de trait, de charrettes ou autres attelages de même espèce : tout cela n'existe communément que dans les campagnes, pour l'usage des cultivateurs. La conséquence de tant de circonstances réunies, et qui sont exactes, est facile. On le voit, l'agriculture et l'industrie se trouveront écrasées, tandis que l'oisiveté et le luxe jouiront d'une sorte de dégrèvement légal.

Mais si la répartition entre les masses laisse beaucoup à désirer, la répartition entre les particuliers qui la composent, ne présente pas moins de choses à dire. Ici, ce n'est point l'inégalité des fortunes qui règle l'inégalité de la contribution; le plus riche, au contraire, aura souvent beaucoup moins à fournir que le plus misérable; et c'est pour la première fois peut-être que l'on aura vu un père de famille, d'autant plus imposé sur le rôle des charges publiques, qu'il aura pris soin d'élever et de nourrir, à la sueur de son front et du leur, un plus grand nombre d'enfans. C'est ainsi cependant que, sous l'empire de la nouvelle loi, un célibataire rentier indolent, et tant d'autres gens de même espèce, acquitteront cette partie de leur dette envers l'Etat, moyennant deux journées de travail, au plus, tandis qu'un laboureur utile, placé à la tête d'une grande exploitation rurale, le plus souvent à titre de fermier ou de colon partiaire, forcé d'entretenir, à grands frais, un domestique nombreux, de nombreux attelages, devra solder deux journées pour lui, autant pour chacun de ses domestiques mâles, âgés de plus de vingt ans, autant enfin pour chaque bête de trait, de somme, etc., qu'il n'aura à son service que pour les besoins de l'exploitation dont il est chargé, et à laquelle l'emploi de tous ses momens, le travail de toute sa maison sont indispensables! C'est ainsi qu'un misérable savetier, père de cinq ou six enfans vivant avec lui et travaillant dans son échope, devra, s'ils ont vingt ans, l'abandonner durant la vingt-quatrième partie de l'année, pour aller donner son temps, un temps si précieux pour lui, si nécessaire à la subsistance des auteurs de ses jours, vieillards infirmes peut-être, aux réparations et à l'entretien d'une route que son pied n'a jamais foulée, que jamais il ne foulera!

La loi parle de dégrèvement, il est vrai; mais à qui sera-t-il applicable? Lorsque l'impôt est personnel, lorsque ce sont les bras qui l'acquittent, en bonne règle, celui-là seul a droit au dégrèvement, qui se trouve dans l'impossibilité physique, à cause de son âge ou de toute autre raison de même espèce, de payer de sa personne. Il ne fallait donc pas, ce nous semble, que l'on prît cette base, et rien ne paraît l'appuyer.

Toutefois, rendons hommage aux intentions bienfaisantes des auteurs de la loi. Il est évident qu'ils ont répugné à présenter à l'adoption des Chambres une augmentation considérable de la contribution directe, sous la forme

ordinaire; ils se sont dit : « Il faut absolu-
« ment pourvoir à la nécessité du service, et il
« faut le faire de la manière la plus douce, la
« plus agréable aux administrés. Ce ne sera
« donc que dans le cas de la nécessité la plus
« pressante, qu'ils seront contraints de délier le
« cordon de leurs bourses; nous ne leur de-
« manderons que quelque travail, et afin qu'ils
« n'aient point à se plaindre de cette exigeance
« même, nous leur laissons une liberté bien
« ample; s'ils le préfèrent, ils solderont en ar-
« gent leurs taxations. » Mais ils ne se sont pas aperçus que ce raisonnement est un cercle vicieux; que le travail a nécessairement son prix; que les propriétaires, peu soigneux de leurs intérêts bien entendus, seront les seuls qui choisiront la prestation en nature; que, s'il en est un grand nombre qui aimeront mieux payer ainsi, c'est qu'ils ne connaîtront pas la valeur de plusieurs journées perdues pour la culture de leurs terres, pendant une saison favorable. L'expérience de tous les siècles a prouvé que la multitude est ordinairement aveugle sur ce qui lui est le plus avantageux, et les gouvernemens sont souvent obligés de faire le bien des peuples, malgré les peuples eux-mêmes. Sans doute la contribution directe est

très-onéreuse; mais, sous quelque forme que l'on déguise celle qu'établit la loi, elle n'en existera pas moins, et, telle qu'elle est, elle pèse principalement sur la classe la plus intéressante de la société, dans un pays essentiellement agricole.

Au reste, une donnée excellente pour parvenir à un meilleur ordre de choses, se trouve expressément dans la loi; et il est difficile de comprendre comment les hommes d'Etat qui l'ont conçue n'en sont point partis pour la développer. Ils ont dit en effet aux communes : « Les besoins de votre voierie « nous sont connus; ils éveillent notre solli- « citude; nous allons mettre à votre disposi- « tion les moyens d'y satisfaire. Nous les cher- « cherons dans vos propres ressources, parce « que cela est juste; et vos habitans ne seront « appelés au secours qu'autant que vos reve- « nus ordinaires seront insuffisans. » Par conséquent, peut-on ajouter ici, la mesure la plus nécessaire à prendre est d'augmenter ces revenus autant qu'il sera possible; sans cela, l'espérance que font concevoir vos promesses n'est qu'illusoire pour toutes les communes rurales, déjà trop pauvres pour pourvoir à leurs autres besoins.

Les augmenter! dira-t-on; et quels moyens d'y parvenir sans augmenter aussi l'impôt? Nous expliquerons à cet égard notre pensée toute entière dans les chapitres suivans. Qu'il nous suffise de dire en passant que la reconnaissance et le classement des chemins vicinaux auront nécessairement pour effet d'en abandonner un grand nombre; que si notre mémoire nous sert bien, il existe quelque part dans le Bulletin des lois, une disposition fondée sur ce point de fait, qu'il en est beaucoup d'inutiles, qui autorise l'administration à les supprimer et à en faire la concession aux propriétaires des terrains adjacens, auxquels ils n'appartiendraient point déjà. Il n'est pas à notre connaissance que cette disposition ait été exécutée; elle est tombée en désuétude; et dans les circonstances actuelles, il nous paraîtrait avantageux de la renouveler; c'est-à-dire qu'à notre avis, un article de la loi devrait déclarer supprimés, *ipso facto*, tous les chemins non reconnus, autres que ceux d'exploitation, en ordonner la concession aux propriétaires des héritages qui les bordent, à chacun par moitié, moyennant le prix qui serait déterminé par un expert, à moins que l'un des propriétaires intéressés ne voulût retenir lui seul la partie qui joindrait sa terre, en offrant d'en porter la valeur au-dessus de l'estimation de l'expert; auquel cas, sur la demande de son voisin, elle serait mise entre eux aux enchères, et adjugée au plus offrant.

Ce statut, utile à l'agriculture, en lui rendant des terrains perdus pour elle, n'aurait rien de vexatoire, et fournirait dans bien des endroits quelques ressources peu considérables, il est vrai, mais qui couvriraient quelques besoins. On ferait face à tout le reste à l'aide des autres revenus des communes, accrus de tout ce qu'il serait possible d'y ajouter, à l'aide d'une sage administration; et s'ils étaient insuffisans, on trouverait dans le vote de quelques centimes additionnels, des moyens qui n'auraient point l'inconvénient de ceux adoptés par la nouvelle loi.

Ce n'est pas que l'emploi des prestations en nature ne soit aussi nécessaire parfois, mais il ne serait requis que pour le transport des matériaux. Ce seraient les propriétaires les plus voisins de la partie du chemin réparé, qui se trouveraient sujets à cette réquisition; et aucun d'eux ne pourrait s'en plaindre, parce que leur travail serait payé conformément aux usages locaux, et que l'administration prendrait soin de concilier les intérêts de l'agriculture avec les besoins du service.

Tout ce que nous venons de dire, au reste, ne s'appliquerait qu'aux réparations et à l'entretien des chemins vicinaux du *premier ordre*; ceux du *second ordre* devraient avoir leur régime particulier, et pour ceux-là les municipalités devraient être chargées d'y pourvoir de la manière qui serait déterminée par leurs conseils. Leurs ressources seraient quelques centimes additionnels, dont la quotité varierait comme les besoins. Cette contribution, par exemple, pourrait être convertie en prestations en nature, si les individus le préféraient. Mais l'on s'aperçoit bien qu'alors ce ne seraient point les personnes que l'on imposerait, mais bien les fortunes. Le pauvre ne paierait ou de sa bourse ou de son temps, qu'en proportion de son avoir, et non en proportion du nombre de ses enfans. Le cultivateur ne se priverait point tout à la fois de tous les bras de sa maison, de tous ses bestiaux de labour, de tous ses outils aratoires; et ce fardeau, allégé par une division en rapport direct avec les forces de chacun, ne semblerait trop pesant à personne.

Reprenons maintenant les choses telles

qu'elles sont; que la loi subsiste avec tous ses défauts, et qu'on essaie de l'exécuter; c'est ici que, malgré les efforts des plus dévoués, les difficultés surgissent.

La première consistera à obtenir des conseils municipaux, sur la reconnaissance des chemins vicinaux, des délibérations conformes à l'intention évidente du législateur. Je ne crois pas qu'un grand nombre de maires, quelqu'influence qu'on leur suppose, puisse se promettre de les déterminer à classer des chemins qui ne les intéresseront point personnellement. Déjà même n'a-t-on pas vu, dans les départemens où la loi du 28 juillet a reçu un commencement d'exécution, quelques-unes de ces assemblées y consentir, et les autres s'y refuser obstinément? N'a-t-on pas eu l'occasion de juger combien est préjudiciable le défaut de cette harmonie que la loi n'a pas eu le soin d'établir entre toutes les communes d'un même arrondissement? Partout le voyageur y trouve des chemins réparés en partie, et qui, sur d'autres points de la ligne qu'il parcourt, sont dans un état épouvantable. Il est même arrivé qu'on a vu dans la largeur du même ruban, des travailleurs sur la moitié de droite, et pas un sur la moitié de gauche.

Sait-on pourquoi? C'est que les chemins auxquels cette observation s'est appliquée, servaient de limites à deux communes, et se trouvaient par conséquent situés par moitié sur les terres de l'une et de l'autre. La première les avait reconnus comme des chemins vicinaux; la seconde, au contraire, ne les avait pas classés. Avouons-le, toutefois; avec le nouveau système d'organisation municipale que nous avons développé, cet inconvénient serait moindre, et plus rare; mais il en est un autre qui, quelle que soit la formation de l'unité communale, sera toujours réel, jusqu'à ce ce qu'on corrige la loi dont nous cherchons à signaler les vices.

S'il est des communes dans lesquelles on trouvera d'immenses ouvrages à exécuter, il en est d'autres qui ne présentent que peu de choses à faire. Leur surface, disposée sur un plan légèrement incliné, les met à l'abri de la rapidité des torrens; leur sol sablonneux, schistique ou granitique, est presque toujours sec, et l'on n'y trouve point d'ornières. Les chemins qui les traversent n'ayant exigé qu'un entretien annuel peu coûteux, sont encore en assez bon état; en un mot, la population est beaucoup plus que suffisante pour y faire tout ce que leurs besoins exigent, dans un très-court espace de temps, quoique les ressources ordinaires actuelles ne puissent y suffire. Cependant, le *maximum* de la cotisation est, d'après la loi, de deux journées de travail par contribuable. Le *minimum* ne sera que d'une journée, sans doute; nous ne croyons pas que l'on puisse diviser par moitié ou par quart de journée les prestations à fournir; et quand cela serait, supposons telle fraction que l'on voudra, les besoins n'exigent pas le concours de tout le monde. Quels seront, dans une circonstance pareille, ceux que l'autorité locale désignera de préférence? Chacun n'aura-t-il pas à réclamer contre la réquisition arbitraire qui sera faite de sa personne? Chacun n'aura-t-il pas à se plaindre de ce que son voisin n'est pas appelé comme lui? Demandera-t-on, en ce cas, le paiement de la conversion en argent des prestations imposées? Mais la loi n'en donne point le droit, et le choix en est laissé au contribuable seul, qui offre de payer de sa personne, mais qui exige impérieusement qu'il n'y ait pas de préférence; que chacun paye comme lui.

Voilà bien des embarras, qui peuvent se rencontrer dans tous les départemens; il en est d'autres non moins réels, qui sont particuliers à quelques-uns. Quelle sera, par exemple, la saison propre aux prestations telles que la loi les veut, dans ceux que leur situation géographique, l'élévation de leur sol, le voisinage des montagnes, condamnent à un hiver de six mois ?

Tant qu'y durent les beaux jours, les travaux de la campagne se press ent ave tant de rapidité, qu'ils ne laissent aucun intervalle entre eux ; ils y commencent dans le mois d'avril, par l'irrigation et l'amendement des prairies ; aussitôt suit la culture des terres destinées aux mars ; les premières façons du labourage succèdent. Le moment des fanaisons survient ; l'époque du binage arrive ; les blés mûrissent, la moisson presse ; septembre fuit ; les semailles, les regains, les récoltes tardives, les approvisionnemens divers excitent tour à tour l'activité du laboureur ; il s'empresse, il se hâte, il s'excède, et tout à coup, portés sur l'aile trop rapide des vents, les frimats le surprennent au milieu de tant de soins divers, et viennent, dans un temps encore inopportun, clore celui des sueurs. Certes, bien habiles seront ceux qui trouveront dans ces pays le moment convenable d'arracher à de si précieuses occupations tous les bras à la fois, et de les en détourner pendant un grand nombre de jours.

S'il fallait pousser plus loin nos recherches et nos argumens, que de circonstances ne pourrions-nous pas réunir encore à l'appui de notre opinion! Nous n'avons plus qu'un mot à ajouter. Si des ouvrages d'art sont nécessaires, qui est-ce qui les dirigera? A cet égard, nous renvoyons nos lecteurs à ce qui en a été dit précédemment, lorsque nous avons voulu prouver que la loi est incomplète; car c'est précisément à cause de cela qu'elle est d'une exécution très-difficile, de même qu'elle présente dans la répartition de l'impôt qu'elle établit des vices essentiels. Concluons donc qu'il en faut une autre; et si nous étions chargé d'en rédiger le projet, voici dans quels termes nous la soumettrions à la sanction des Chambres.

CHAPITRE PREMIER.

Dispositions générales.

Art. 1er. La voirie se divise en France en grande et petite voirie : la grande voirie comprend les routes royales et les routes départementales ; il n'est rien innové aux lois et aux règlemens qui les concernent.

Art. 2. La petite voirie est urbaine ou rurale ; sous la première qualification, elle comprend les chemins ou les rues situés dans l'intérieur des villes ou villages. L'administration et la police de conservation de la voirie urbaine, continueront d'être régies par les lois des 14 décembre 1789, 24 août 1790 et 22 juillet 1791.

La voirie rurale ou vicinale comprend les chemins servant aux communications des municipalités entre elles, et des diverses sections de municipalité l'une avec l'autre, et avec leur chef-lieu.

Elle se divise en chemins du premier ordre, ou chemins d'arrondissement, et en chemins du second ordre, ou chemins communaux.

Art. 3. Les chemins vicinaux reconnus comme tels dans les formes ci-après établies, seront à la charge des communes, qui, dans chaque arrondissement, devront contribuer à les réparer et à les entretenir, en proportion de l'intérêt de chacune.

CHAPITRE II.

Chemins du premier ordre, ou d'arrondissement.

Art. 4. Les chemins d'arrondissement seront subdivisés en trois classes : dans la première seront compris ceux qui servent aux communications de cinq municipalités au moins ; dans la seconde, ceux destinés aux communications de plus de deux municipalités, et de moins de cinq ; et dans la troisième enfin, ceux qui sont utiles à deux municipalités seulement.

Art. 5. Ces chemins seront reconnus et classés par les conseils-généraux de département, sur l'avis des conseils d'arrondissement, et sur la proposition des maires et des conseils municipaux.

Art. 6. Seront déterminées aussi, de la même manière, les proportions dans lesquelles chaque municipalité devra contribuer aux charges des chemins d'arrondissement reconnus, en prenant pour règle de ces proportions le degré d'intérêt de chacune.

Art. 7. Des gens de l'art nommés par les préfets procéderont aussitôt après à la vérification des chemins reconnus, et seront assistés, pendant leurs opérations dans chaque municipalité, par le maire ou par son délégué.

Art. 8. Leur procès-verbal de vérification contiendra le toisé métrique de la longueur et de la largeur moyenne de chaque chemin d'arrondissement, avec indication des lieux où cette largeur varie, la description de ses sinuosités, de la pente de ses rampes, des rectifications à y faire, des travaux d'art à y exécuter; la désignation des terrains dont l'acquisition ou l'échange seront trouvés nécessaires; l'estimation de ces terrains et le devis de ces travaux.

Art. 9. Les maires ou leurs délégués dresseront en même temps le tableau des empiétemens commis sur les bords de chaque chemin.

Il contiendra les noms et prénoms des usurpateurs; l'indication et le toisé de la surface de chaque usurpation.

Art. 10. Ce tableau sera publié et affiché en la manière ordinaire, durant quinze jours. Il sera tenu note écrite des réclamations et observations qui auront lieu, et sur lesquelles sera fait un nouveau tableau, publié et affiché comme le précédent. Seront reçues de la même manière, et pendant le même espace de temps, les nouvelles observations et réclamations de chaque individu, s'il y en a; le tout sera soumis au conseil municipal réuni en assemblée générale; et là sera dressé le troisième et dernier tableau des empiétemens commis.

Leurs possesseurs seront tenus de s'en désister sur le champ. A leur refus, des ouvriers seront chargés de rétablir les lieux aux frais des usurpateurs; les municipalités en feront les avances, et les particuliers seront contraints au remboursement, dans la même forme et par les mêmes moyens que ceux employés à la perception des deniers publics.

Art. 11. Les maires désigneront, dans leurs municipalités respectives, un nombre convenable de commissaires voyers, qui auront la direction des travaux. Sous leur surveillance, et d'après leurs ordres, des piqueurs salariés seront chargés de faire exécuter les procès-verbaux dressés en vertu de l'article 8 ci-dessus, en commençant par les chemins de première classe d'abord, de seconde ensuite, et de troisième en dernier lieu.

Art. 12. La somme des besoins actuels de chaque arrondissement sera fixée par le conseil-général, sur le vu des devis prescrits par le même article.

Le contingent de chaque municipalité sera calculé d'après les bases et les proportions réglées aux articles 5 et 6; il sera versé par douzième, et tous les mois, entre les mains des commissaires voyers, par les receveurs municipaux.

Les dépenses seront soldées sur l'exhibition de l'état qui en sera dressé par les piqueurs, et remis par eux aux commissaires voyers, lesquels, à la fin de chaque année, les déposeront aux archives des mairies, avec les quittances des piqueurs, et toutes autres pièces justifiant l'emploi des fonds dont ils auront eu le maniement.

Les maires leur en fourniront décharge.

Art. 13. Les chemins d'arrondissement étant réparés, la somme des besoins annuels de leur entretien sera déterminée dans l'assemblée des commissaires voyers de chaque arrondissement, qui se réunira tous les ans au chef-lieu, durant la première quinzaine de mai.

La contribution de chaque municipalité y sera déterminée dans les proportions et d'après les bases ci-dessus établies.

Art. 14. Les commissaires voyers seront nommés pour cinq ans; ils pourront être réélus; ils seront révocables dans les cas où leur inactivité, leur défaut de soins, de zèle, ou toute autre cause moins excusable nécessiteraient cette mesure.

Art. 15. Pour faciliter l'exécution des travaux, les commissaires voyers auront le droit de requérir des prestations en nature appropriées à l'exigence des cas.

Ces prestations seront soldées d'après le tarif, qui, dans chaque municipalité, sera déterminé par le maire, conformément à l'usage des lieux, et qui variera selon les saisons.

Les commissaires voyers qui requerront ces prestations auront le soin de concilier, autant que possible, l'intérêt de l'agriculture avec les besoins du service.

Quiconque résistera à ces réquisitions, sera tenu de payer, entre les mains des receveurs municipaux chargés d'en percevoir le recouvrement, le double de la valeur portée dans le tarif de la prestation requise.

Art. 16. Les municipalités paieront leurs contributions aux charges des chemins d'arrondissement, à l'aide de leurs revenus annuels. S'ils étaient insuffisans, les conseils municipaux voteraient jusqu'à cinq centimes additionnels aux contributions directes.

Art. 17. Sont supprimés *ipso facto*, tous les chemins autres que ceux d'exploitation qui ne seront pas reconnus comme chemins vicinaux du premier et du second ordre.

L'espace qu'occupent les chemins supprimés sera concédé aux propriétaires des terrains qui les bordent, par moitié, et moyennant le prix fixé par experts, convenu entre eux et le maire.

Si l'un d'eux désirait retenir ledit espace en entier, il devra en offrir un prix supérieur à l'estimation des experts; auquel cas, sur la demande de son voisin, le terrain à vendre sera mis aux enchères entre eux, en la manière accoutumée, et adjugé au plus offrant.

Les propriétaires requérant la mise aux enchères, manifesteront leurs intentions par acte signé d'eux ou de leurs mandataires, et déposé dans leur mairie.

Art. 18. Le prix des chemins supprimés sera exigible par tiers, de trois mois en trois mois, à commencer trois mois après la promulgation de la loi.

Les receveurs municipaux en poursuivront le recouvrement comme des deniers publics, et à l'aide des moyens mis à leur disposition par les lois fiscales.

CHAPITRE III.

Chemins vicinaux du deuxième ordre, ou communaux.

Art. 19. Les chemins communaux seront reconnus par les maires, après délibérations des conseils municipaux.

Art. 20. Les dispositions de l'article 9 et 10 de la présente loi leur seront applicables, si des empiétemens ont eu lieu sur leurs bords.

Art. 21. Ils seront réparés et entretenus dans chaque municipalité, à la diligence du maire, et sous la direction de ses délégués ; il sera pourvu aux dépenses à faire à raison de ce, de la même façon qu'aux autres dépenses municipales. Si les revenus ordinaires sont insuffisans, les conseils municipaux voteront jusqu'à deux centimes additionnels.

Art. 22. Les contribuables pourront convertir cet impôt en prestation en nature, au taux du tarif dressé pour les chemins du premier ordre, à moins que les besoins du service n'exigent plutôt de l'argent que des prestations.

CHAPITRE IV.

Dispositions communes aux chemins du premier et du second ordre.

Art. 23. Toutes les fois qu'un chemin sera

habituellement ou temporellement dégradé par des exploitations de mines, de carrière, de forêts ou de toutes autres entreprises industrielles, il pourra y avoir lieu à obliger les entrepreneurs ou propriétaires à des subventions particuliéres, lesquelles seront, sur la demande des municipalités, reglées par les tribunaux, première sauve-garde de la propriété, d'après des expertises contradictoires.

Art. 24. Les propriétés de l'Etat et de la couronne contribueront aux dépenses des chemins vicinaux, dans les proportions qui seront réglées par les conseils-généraux des départemens.

Art. 25. Les aliénations et échanges nécessités par l'ouverture ou l'élargissement des chemins vicinaux, pourront avoir lieu sur une simple délibération du conseil municipal, prise en assemblée générale, lorsque le prix des objets à échanger ou à vendre n'excédera pas trois mille francs.

Seront autorisées de la même façon toutes expropriations nécessitées pour la même cause, lorsque l'indemnité due aux propriétaires n'excédera pas pareille somme de trois mille francs.

Art. 26. Toutes les opérations préparatoires prescrites par la présente loi, devront être terminées dans l'année de sa promulgation, et les travaux mis en activité dès les premiers jours de l'année suivante.

CHAPITRE XIV.

Biens communaux. — Origine et définition des biens communaux.

L'ADMINISTRATION municipale constituée, il est indispensable de lui créer des ressources à l'aide desquelles elle puisse subvenir à tous les frais que nécessite son action perpétuelle et sur les choses et sur les personnes.

Jusqu'à ce jour, ces ressources ont été minimes dans les communes rurales surtout; pour y faire face aux moindres dépenses extraordinaires, on a été contraint de recourir à des moyens ruineux ou vexatoires, auxquels il serait bien temps de renoncer enfin, si la chose était possible, et c'est là ce que nous proposons d'établir.

Sous ce rapport, les biens des communes offraient au législateur tout ce qu'il fallait pour amener une amélioration sensible; mais il est malheureusement peu de matière que l'on ait autant négligée depuis que l'on se mêle en France de refaire des lois; non que l'on ne s'en soit occupé souvent de diverses manières, mais il semble que l'on ait répugné à bien faire à cet égard, et l'on est forcé de reconnaître, du moins, que la plus étrange légèreté a présidé à toutes les mesures que l'on a prises, à tous les réglemens que l'on a établis.

Aussi serons-nous forcés de donner à ce que nous allons en dire quelques développemens, de rétablir quelques principes oubliés ou méconnus, et d'entrer dans des détails qui, du reste, ne paraissent point déplacés dans un ouvrage de la nature de celui-ci.

Nous avons long-temps, mais inutilement cherché dans l'immense recueil intitulé *le Bulletin des lois*, une définition exacte des biens communaux. Cette définition est encore à faire, et nous nous proposons de la donner conforme à leur nature, à leur origine et à leur destination première.

Mais il est important, avant d'aller plus loin, que l'on soit prévenu que sous le titre de *biens communaux*, nous ne comprenons pas les forêts ou les bois des communes; le besoin de leur conservation, leur importance, le régime particulier auquel les avait soumis l'ordonnance de 1669, ordonnance dont le nouveau Code forestier n'est guère que la seconde édition, et que l'on peut regarder en plusieurs points comme un chef-d'œuvre de législation, en ont fait une sorte de dépendance du domaine public, à la conservation de laquelle doit veiller l'administration municipale, mais dont elle ne peut disposer.

Nous n'entendons point parler non plus des édifices, des temples, des cimetières, des places existant dans l'intérieur des communes, qui n'appartiennent à personne et qui servent à tous, mais seulement des landes, pâturages et marais, des terres vagues, vaines et autres, en état de culture ou non, qui sont propres aux communautés d'habitans; de ces sortes de biens qu'ont voulu définir la loi du mois de juin 1793 et le Code civil; de ceux enfin universellement désignés par le titre seul de *communes* ou de *biens communaux*.

L'origine de ces vastes possessions des corps communs est difficile à découvrir; elle se perd dans la nuit des temps, et les opinions varient singulièrement à ce sujet.

Quelques auteurs ont écrit qu'il fallait en attribuer l'établissement à la politique des seigneurs, qui, pour favoriser la population et l'agriculture, auraient généreusement cédé aux habitans de leurs terres des portions de leurs domaines: cela n'est point vraisemblable.

D'autres ont cru qu'après la conquête, les chefs qui s'étaient emparés du territoire des Gaules en firent la division entre leurs vassaux, qu'ils avaient amenés avec eux, et les anciens habitans, qu'ils avaient asservis; que lors de cette distribution, ils voulurent qu'une partie des terres demeurât commune entre les habitans de chaque ville où village, pour servir à l'usage de tous.

D'autres enfin ont dit que les communautés d'habitans avaient acquis cette espèce de biens, ou que chacun des membres de la commune s'était volontairement dessaisi, au profit et dans l'intérêt de tous, d'une partie de sa propriété.

Les deux dernières opinions sont professées par des écrivains recommandables, fondées sur des raisons solides; et toutefois, des réflexions sérieuses nous ont conduit à attribuer aux biens communaux une autre origine.

Nous pensons que l'existence des propriétés communes est antérieure à celle des propriétés particulières, antérieure par conséquent à l'irruption des barbares, et surtout au régime de la féodalité.

Les premiers habitans des Gaules prirent

ensemble possession du pays, et le sol fut commun aux familles qui y abordèrent.

Nos pères durent être pasteurs, comme ceux de toutes les nations; la vaste étendue de territoire qu'ils occupaient, suffisait sans travail aux besoins de ses habitans peu nombreux, et la multiplication des hommes détermina seule pour eux la nécessité d'en cultiver des parcelles. Le soc de la charrue n'en sillonna d'abord que les portions les plus productives; le domaine de l'agriculture ne s'agrandit qu'insensiblement, et de proche en proche.

Chaque famille s'était emparée de son patrimoine par le droit du premier occupant; les limites en furent déterminées par une jouissance continue et paisible, fondement de la prescription; la population s'était accrue et divisée, des bourgades s'étaient établies, et dans chacune s'étaient colloqués ceux dont les propriétés nouvelles les avoisinaient; la prescription en circonscrivit aussi les dépendances.

Toute l'étendue de ces ténemens n'était point en culture, parce que cela était inutile; et les habitans jouissaient ensemble des fruits naturellement produits par ces vacans, en proportion des besoins de chacun. Alors ils étaient couverts de bois, ou servaient à la dépaissance des animaux domestiques. L'industrie des hommes faisait incessamment sur eux de nouvelles conquêtes, et l'on remarque qu'il en reste peu dans les provinces les plus fertiles.

Les hommes, réunis en société nombreuse, s'aperçurent bientôt qu'il était indispensable d'organiser dans chaque localité une espèce de gouvernement parcellaire, chargé d'administrer les biens des communautés d'habitans, de veiller à leur conservation, de s'opposer aux entreprises des particuliers, de gérer les affaires publiques, de maintenir l'ordre et la police; il y eut des agrégations de bourgades; ces agrégations formèrent des communes, ces communes se constituèrent, et l'administration municipale fut créée, ainsi que nous l'avons dit déjà.

Dans quelques provinces, chaque bourgade fit, au profit de la commune dont elle faisait partie, l'abandon de ses *propriétés indivises*, et les biens communaux appartinrent alors au corps de la commune en entier. Dans d'autres, elles continuèrent d'en jouir divisément, et les sections de commune en demeurèrent propriétaires : c'est ainsi que vint le temps où tout se trouva réglé tel que nous le voyons aujourd'hui, par la force seule des choses.

On sait que les Romains avaient pour principe de respecter les lois, usages et coutumes des peuples qu'ils assujettissaient à leur vaste domination ; ils ne changèrent rien à la délimitation ni au mode de jouissance des propriétés communes dans les Gaules ; les hommes du Nord n'y changèrent rien non plus, et nulle part on ne trouve la moindre preuve du contraire de ce que nous avançons ici.

Leurs chefs purent bien procéder au partage des terres entre les conquérans et les peuples conquis; s'en réserver la plus grande part, exiger même des redevances, prétendant faire des concessions ; c'est-à-dire exercer fictivement sur les choses le droit de souveraineté qu'ils avaient sur les personnes; mais cette fiction, quoiqu'elle s'étendît aux propriétés communes aussi bien qu'aux propriétés particulières, ne créa ni les uns ni les autres : elles étaient préexistantes.

On doit même observer que la tyrannie des grands atteignit les biens communaux moins généralement peut-être que ceux des individus. Il en est beaucoup, en effet, pour lesquels il n'a jamais existé de concession seigneuriale; qui jamais n'ont dû aucun cens.

Quoi qu'il en soit, au reste, de l'origine des biens des communes, leur destination première ne peut être incertaine; elle fut déterminée par la nécessité, qui ne connaît pas de lois. La jouissance en fut *appréhendée* par tous, mais dans une proportion différente, parce que l'étendue de cette jouissance fut infailliblement en proportion des besoins de chacun.

Ainsi, celui qui, pour l'exploitation de ses domaines, pour le service de sa maison, fut contraint d'élever un plus grand nombre de bestiaux, dut y en faire paître un plus grand nombre aussi que celui qui en avait beaucoup moins. Cet usage s'établit naturellement à une époque où des spéculations commerciales n'ayant pas encore été l'objet des méditations des hommes, ils n'avaient pas de superflu : naturellement il se perpétua. Il fit loi; et lorsque l'on procéda à la rédaction des coutumes, on consigna, dans la plupart des procès-verbaux dressés de celles de nos provinces, cette règle, qui fut traduite de l'usage : que les particuliers ayant droit à la dépaissance des communaux, ne pourraient y entretenir, durant l'été, que les bestiaux qu'ils nourrissaient, l'hiver, de leurs foins et pailles.

Les seigneurs n'eurent point à cet égard de priviléges. Ils jouirent comme premiers habitans, mais dans les proportions que réglaient les coutumes; seulement, lorsqu'il apparaissait d'une concession par eux faite, à titre gratuit, d'un terrain communal, l'ordonnance de 1669 leur accordait le droit d'en demander le triage, et il leur était accordé, pourvu que le reste suffît aux besoins des autres communes, qui profitaient seules à l'exclusion du seigneur cantonné, des deux tiers restant. Que l'on remarque bien que la disposition de l'ordonnance qui parle des communaux concédés gratuitement par les seigneurs, ne contrarie point notre système sur l'origine de ces biens. Les seigneurs firent des concessions, gratuites ou onéreuses, de tout ou de presque tout le territoire; ils firent aux anciens propriétaires la concession de leurs propriétés même. Ce n'était là, ainsi que nous l'avons dit, qu'une fiction qu'ils considéraient comme le gage de leur suzeraineté, comme le signe le plus apparent de leur puissance.

Au surplus, que l'on y réfléchisse : cette destination première des biens communaux est bien plus conforme à une égalité de droits bien entendue, qu'une égalité plus réelle dans le mode de jouissance, parce qu'elle est la conséquence immédiate de l'inégalité même des droits.

En effet, si les droits d'un individu sur un objet quelconque sont aussi étendus que ceux de son voisin, il devra en jouir comme lui, autant qu'il en aura besoin; et si ses besoins sont doubles de ceux de son voisin, sa jouissance devra être double aussi; sans cela, l'équilibre n'existerait plus entre eux : l'un serait opprimé, l'autre serait oppresseur, et l'oppression tue l'égalité des droits.

C'est en raisonnant d'après ces principes, que l'on doit rechercher la définition des biens communaux. Celles faites jusqu'ici par les législateurs des temps modernes, manquent de justesse, et cela devait être ainsi, puisqu'elles ne sont que l'ouvrage de quelques niveleurs insensés qui, poussant à l'extrême l'idée de l'égalité des droits, rêvèrent un instant l'égalité des besoins, comme celle des fortunes et des hommes.

En 1793 on dit : « Les biens communaux « sont ceux sur la propriété *ou* le produit des« quels les habitans d'une ou plusieurs com« munes ou d'une section de commune, ont un « droit acquis. »

La disjonctive *ou* placée entre la propriété et le produit, exprime une idée fausse. Les communes, en effet, ont droit et à la propriété et au produit des biens communaux.

La propriété leur appartient sans contredit, elle appartient au corps; le produit leur appartient aussi, il se divise entre les membres.

La loi désigne tous les habitans : c'est une erreur, tous les habitans n'ont pas un droit acquis à la propriété des biens de la communauté à laquelle ils sont agrégés. Il ne suffit pas en effet d'habiter la commune, ils doivent y être propriétaires, sans cela la destination première des biens communaux est changée. . . . .

Elle parle *d'un droit acquis*, on se demande aussitôt ce que c'est que ce droit, comment il est acquis? quelle en est l'étendue ? quelle en est la nature? et à ces questions, la loi de 1793 ne fait aucune réponse. . . . .

Plus tard le code civil a paru : il a renouvelé les mêmes dispositions; mais en les restreignant; son article 512 est conçu dans les mêmes termes que la loi du 10 juin 1793. Seulement on n'y retrouve plus *les sections de commune*. De telle sorte que l'on pourrait prétendre que les biens appartenant à une communauté concentrée dans un hameau ne sont plus des biens communaux, soumis au même régime, administrés de la même façon que ceux appartenant à la commune entière dont ce hameau fait partie : c'est-à-dire, qu'une erreur évidente serait la conséquence forcée des termes mêmes de la loi.

Quant à nous, nous définirons volontiers les biens communaux : *Ceux qui appartiennent à une communauté d'habitans propriétaires, et à la jouissance et au produit desquels doivent avoir part les membres de cette communauté, chacun en proportion des besoins de l'exploitation de ses propriétés privées.*

Cette définition, il est vrai, n'est point en harmonie avec la législation actuelle; mais elle résulte de la nature des choses en cette matière, et doit servir de base à une législation à venir.

Elle exclut des biens communaux les membres de la communauté non propriétaires, et cela est juste en principe. Qu'on les fasse participer si l'on veut à la possession de ces sortes de biens, ce sera alors un acte de bienveillence exercé envers eux, mais non point un acte de justice qu'ils aient droit d'exiger.

Enfin une seule observation répond, ce nous semble, à toutes les objections que la légèreté pourrait élever contre elle. C'est que nous n'avons point eu l'intention de dire ce qui est, mais bien ce qui fut autrefois, ou mieux encore ce qui devrait être.

CHAPITRE XV.

Suite des biens communaux; de leur régime actuel, et de la nécessité de revenir aux anciens principes.

Nous n'avons pas eu l'intention, en donnant la définition des biens communaux, d'exprimer ce qui est, avons-nous dit au chapitre précédent; ce qui est, sous ce rapport, n'est en effet qu'un épouvantable désordre.

Sous l'influence du régime auquel ils sont soumis, les biens communaux ne sont que des vaçans, sans produit pour les communautés auxquelles ils appartiennent, et pour les individus qui en ont l'usufruit, livrés presque sans défense à l'avidité du premier occupant et au pillage de tous, par cela seul que chacun a le droit d'en jouir comme il lui plaît, autant qu'il lui plaît, quand il lui plaît, sans règle, sans compte, sans mesure.

Aussi voit-on partout les pâturages communs surchargés d'une immense quantité d'animaux étiques, à la subsistance desquels ils ne peuvent suffire, et les administrations sont sans moyens pour rendre exécutoires les réglemens que la sagesse leur inspire, afin de remédier à d'aussi déplorables abus. Cette loi du mois de juin 1793, avec son funeste principe d'égalité dérisoire, est toujours là pour paralyser leurs efforts.

Cet état de choses a été peut-être la cause principale de l'insouciance de la plupart des autorités locales, qui partout ont trop long-temps fermé les yeux sur les usurpations progressives et continuelles des proprités communales; on a cessé de tenir à la conservation d'un bien sans rapport, on l'a abandonné sans regrets.

Au reste, si une égalité inique dans le mode de jouissance des communaux a produit chez les hommes chargés de les régir l'apathie que nous leur reprochons, l'inextricable dédale des formalités ridicules dans lesquelles on a enveloppé leur action, sera toujours pour eux une excuse puissante.

Nous en avons ailleurs esquissé le tableau, et nous n'y reviendrons point; qu'il nous soit permis seulement de faire observer à ceux qui s'occupent des grands intérêts de l'Etat, que la poursuite en désistement d'une toise de terrain communal évidemment usurpée, exige de la part d'un maire un travail aussi fatigant, aussi minutieux, aussi long que s'il s'agissait de l'affaire la plus importante et la plus difficile.

Il doit dresser des procès-verbaux, obtenir l'autorisation d'assembler son conseil, le consulter, y ajourner l'usurpateur, y recevoir ses dires, le traduire au conseil de préfecture, en attendre la décision, souvent même intenter, si la question de propriété s'y élève, un procès inquiétant, long et dispendieux, suivre en un mot, durant plusieurs années peut-être, une affaire dégoûtante dont le résultat définitif, quel qu'il soit, ne produit pour la communauté aucun avantage réel, et n'a causé que des embarras.

Tout cela est depuis long-temps un sujet de plaintes continuelles de la part de toutes les classes de la société, et ces plaintes n'ont point encore été entendues.

La première disposition légale à produire sur cette matière, devrait avoir pour objet de proscrire l'égalité entre les communiers. Que l'on se rappelle la destination qu'eurent les biens communaux dans l'origine, et qu'on les rende à cette destination; que chaque membre de la communauté ne soit autorisé à jouir que dans la proportion de son droit, et que cette proportion soit déterminée par celle de ses besoins ; que les administrations municipales aient enfin l'autorité de régler, conformément à ces principes, cette jouissance, et que l'on mette à leur disposition les moyens nécessaires pour assurer l'exécution de leurs arrêtés.

La seconde devrait prescrire la délimitation et le bornage des biens communaux. Ce bornage serait fait administrativement, et contradictoirement avec les propriétaires des terrains adjaçens. Les procès-verbaux qui en seraient dressés seraient dans la suite un titre de propriété pour les communes, titre qui préviendrait ou aiderait à décider maintes contestations, même entre les particuliers, qui, dans l'indication des aboutissans des biens communaux, retrouveraient, dans la suite des temps, des renseignemens précieux pour maintenir leurs droits contre des voisins avides. Il n'en faudrait pas davantage, d'ailleurs, pour prévenir les usurpations futures.

Quant à celles déjà commises, peut-être y aurait-il un excès de rigueur à en poursuivre aujourd'hui le désistement d'une manière absolue. Ces usurpations ont été si générales, que c'est ici le cas d'appliquer la maxime *summum jus summa injuria*. il en est qui remontent à des époques tellement anciennes, qu'elles ne sont point du fait de la génération actuelle, qui les a recueillies dans la succession de ses pères. L'esprit de propriété y est attaché ; on aimerait mieux en payer la valeur au cher denier, et n'en être point évincé. Encore une fois, *summum jus summa injuria.*

Mais si les possesseurs sans titres des biens communaux sont maintenus dans cette possession illicite, ils n'en sont pas moins obligés de dédommager autrement la communauté jadis propriétaire.

Il est donc juste qu'ils versent dans la caisse municipale le prix des terrains dont ils sont les détenteurs illégitimes, d'après l'évaluation modérée qui en sera faite par des experts. Ne sera-ce point assez pour eux de les conserver à de telles conditions, et de n'être pas astreints à la restitution des fruits qu'ils ont perçus sans droit ?

Le moyen d'atteindre ce résultat doit être simple et expéditif, quoiqu'environné de toutes les précautions nécessaires pour la garantie des droits de la propriété privée. Nous avons indiqué ce moyen, en parlant des empiétemens commis sur les bords des chemins vicinaux; qu'on le rende commun aux usurpations dont nous nous occupons ici. Vainement on attendrait de la part des usurpateurs des déclarations sincères, si elles n'étaient pas contraintes. Une ordonnance royale a fait cet appel généreux à leur bonne foi, et l'on sait comme ils ont répondu. Que la loi des communes oblige les administrations municipales à rechercher les empiétemens commis depuis moins de trente ans, puisqu'il est impossible de reconnaître ceux qui sont trop anciens, et que leur recherche exposerait l'autorité locale à se jeter dans l'arbitraire, dangereux écueil contre lequel on doit sans cesse la prémunir; qu'il en soit dressé des tableaux détaillés, contenant les noms et prénoms de leurs possesseurs, et le toisé métrique des terrains usurpés; que ces tableaux, faits avec soin, soient publiés et affichés plusieurs jours; que chacun en prenne connaissance, et puisse faire part à sa mairie de ses observations et réclamations; que, dans les aveux et les découvertes qui en seront le résultat, on puise les élémens nécessaires pour rectifier les erreurs et réparer les omissions du premier travail; que, refait et corrigé, il soit affiché de nouveau; que les observations et réclamations nouvelles des parties soient reçues de la même manière; qu'on fasse encore, si l'on veut, une troisième et dernière épreuve, et que le résultat en soit soumis au conseil-général de chaque arrondissement communal, augmenté, pour dernière garantie, d'un nombre égal à celui de ses membres, de notables choisis dans chaque localité; que dans cette assemblée soit arrêté définitivement le tableau général des usurpations constatées, et que leurs possesseurs soient astreints à en payer le prix, ainsi que nous l'avons dit déjà; que, pour leur plus grande facilité, la loi leur accorde des délais, et leur réserve, pour plus grande justice, leur recours en garantie contre qui de droit, dans le cas où ils ne seraient pas eux-mêmes les usurpateurs. Certes, ou nous nous abusons étrangement, ou il est certain que dans l'exécution de pareilles mesures, on trouverait le moyen de réparer, sans froissement, sans contestations et sans beaucoup de travail, d'anciens et de nombreux abus. On y trouverait aussi celui de créer pour les communes un commencement de ressources financières. Nous verrons, dans le chapitre suivant, comment on peut les augmenter encore, à l'aide des biens communaux.

CHAPITRE XVI.

Suite des biens communaux. — Partage.

Nous avons fait observer précédemment que les biens des communes ne pouvaient être considérés que comme des vaccans, d'un produit actuellement presque nul. Nous avons démontré la nécessité de revenir, pour ordonner leur régie, aux principes anciens, conformes à leur destination première. Cela doit être en effet, et sans aucune restriction, si l'on se décide à perpétuer le mode de jouissance promiscue. Mais à ce mode de jouissance, qui, quelque bien réglé qu'il soit, ne présente aux individus que de très-légers avantages, et qui, pour la communauté propriétaire, est toujours sans utilité réelle, ne pourrait-on pas substituer un meilleur ordre de choses?

Le partage de la majeure partie des biens communaux, par exemple, ne serait-il pas une opération heureuse?

Que l'on consulte les délibérations de la plupart des conseils-généraux, et l'on y verra consigné partout le vœu d'en voir exécuter le projet.

Il est certain que le premier résultat que l'on doit en attendre, serait la restitution faite à l'agriculture, de grands espaces perdus aujourd'hui pour elle. Trouvés peu fertiles d'abord, on les avait abandonnés; mais des atterrissemens considérables, accrus par la chute des eaux, en ont amélioré la surface, et la terre végétale qui enveloppe le globe, s'est recouverte tous les ans d'une couche nouvelle, partout où la main de l'homme ne l'a point exploitée.

Ainsi, la raison principale qui, sans doute, avait déterminé nos pères à laisser incultes les biens communaux, ne subsiste plus aujourd'hui, et la raison contraire doit faire repousser leur méthode.

Prenons garde de nous laisser séduire par les brillantes théories et les spécieux argumens des ennemis de la propriété foncière. Quoi qu'ils en disent, la France est essentiellement agricole, et les grandes spéculations commerciales ou industrielles, quelque faveur qu'elles méritent, ne doivent occuper que le second rang dans la pensé du monarque appelé à régner sous un si beau ciel. Là, reculer les limites des terrains cultivés, c'est contribuer puissamment à la fortune des peuples, alors surtout que la prévoyance du gouvernement, mieux dirigée, ne cédant plus aux vaines terreurs d'un déficit futur si facile à couvrir, si malheur arrivait, ne fermera point aux productions de notre sol les débouchés nombreux par où elles s'écoulent.

Il est donc évident que le partage des biens communaux réunit des avantages précieux pour la masse entière de la nation; par la même raison, il n'en présente pas de moindres aux particuliers. Ne sait-on pas, en effet, que telle est malheureusement la disposition du cœur de l'homme, que le moins égoïste donne ses soins à l'objet dont il doit seul recueillir les fruits, tandis que presque toujours il néglige la chose commune. Et qui pourrait contester que les biens communaux cultivés, on n'en voie centupler le produit au profit de ceux qui seront appelés à les exploiter?

Cependant, ce double but n'est pas le seul que l'on doive se proposer d'atteindre; la loi du partage serait injuste, si elle ne respectait pas les droits de la communauté propriétaire, qui doivent être garantis, qu'elle ne peut aliéner, que l'on ne peut aliéner pour elle.

Et d'abord, nous commençons par restreindre dans de justes bornes les termes de notre proposition; nous ne pensons point, en effet, que tous les biens des communes puissent être soumis indistinctement aux opérations d'un partage. Les carrefours existant à l'entrée ou à la sortie des bourgs et des villages, continueront d'être jouis par indivis.

Les animaux domestiques, en allant au paccage ou en revenant, s'y répandent et s'y reposent; on ne saurait laisser trop spacieuses, à cause de cela, les avenues des lieux habités.

Dans quelques provinces, d'autres besoins peuvent indiquer la nécessité de maintenir l'indivision de quelques autres terrains communaux. Ces besoins n'étant pas les mêmes partout, il serait utile de prescrire un triage préliminaire aux opérations du partage, triage auquel il serait procédé, dans chaque localité, par l'administration municipale.

Cela fait, nous voudrions que tout le reste fût divisé; mais non pas par égales portions, comme en 1793 : et c'est ici que nos principes retrouvent toute leur application.

Chaque propriétaire communier jouit ou doit jouir en proportion des biens de son exploitation rurale; les besoins de cette exploitation dépendent de son étendue et de la valeur du fonds exploité; l'une et l'autre servent de base à la répartition de l'impôt; qu'elles règlent aussi celle des portions à faire des biens communs; et afin que la masse trouve sa part des bénéfices produits par cette grande opération; afin que des biens inaliénables ne soient point en effet aliénés, que les copartageans ne deviennent en quelque sorte que les fermiers de la commune, qu'ils soient astreints à servir à son profit, chacun une rente annuelle en rapport avec l'étendue du fonds commun qui leur aura été délivrée; que cette rente soit modique, le total ne s'en élevera pas moins, dans la plupart des communes, à une forte somme, à l'aide de laquelle elles se feront un revenu fixe, sans recourir à aucun de ces moyens extraordinaires aujourd'hui si souvent employés, et qui ne produisent que des ressources faibles et passagères, quoiqu'ils ne manquent jamais d'exciter les murmures des contribuables, déjà si lourdement surchargés.

Nous ne nous dissimulons point qu'une foule d'objections qui peuvent, au premier abord, paraître très-spécieuses, vont s'élever contre l'opinion que nous émettons : nous l'avons manifestée déja dans une autre occasion;

Aussi ces objections nous sont-elles connues : qu'on veuille bien les peser de sang-froid, et nous demeurons convaincu qu'on les trouvera insignifiantes ; une seule, parmi toutes celles qu'on nous a proposées, nous a semblé digne d'être repoussée, et nous la discuterons de bonne foi.

Les biens communaux, nous a-t-on dit, tels qu'ils sont régis aujourd'hui, sont la ressource des pauvres.

Cette proposition, inspirée par un sentiment généreux et louable, nous paraît être un paradoxe. En effet, les petits propriétaires sont plus pauvres souvent que ceux qui, n'ayant dans un village que leur habitation, n'y possèdent aucun ténement, mais jouissent de quelque fortune mobiliaire. Or, les petits propriétaires seraient, dans notre système, copartageans comme les autres ; ils cultiveraient la portion qui leur serait échue, ils en tireraient tout le parti possible, et elle leur rapporterait alors beaucoup plus que la jouissance promiscue.

La rente qu'ils serviraient tous les ans ne leur serait point onéreuse ; elle n'absorberait qu'une parcelle de l'accroissement de revenu qu'ils acquerraient : ils profiteraient, comme tous les autres, des avantages qu'en retirerait la commune, et ils seraient pour toujours affranchis de la crainte des contributions locales, qu'ils trouvent d'autant plus accablantes, que leur position sociale les exclut des assemblées appelées à les voter.

Quant au surplus des habitans non propriétaires, ils ne seraient point part prenant, il est vrai; mais, pour cela, seraient-ils fort à plaindre? N'avons-nous pas démontré qu'anciennement ils n'avaient aucun droit à la jouissance commune? Et de quelle injustice se rendrait-on coupable envers eux? Quel grand avantage, d'ailleurs, retirent-ils de la loi de 1793? Celui de posséder, dans la belle saison, quelques animaux domestiques, que souvent ils achètent fort cher au printemps, parce qu'alors ils sont en bon état; que toujours ils revendent à perte à la fin de l'automne, parce que, mal nourris tout l'été, quoiqu'ayant contribué à affamer tous ceux du village, ils dépérissent infailliblement; et voilà tout.

Ne sait-on pas, l'expérience n'a-t-elle pas démontré que c'est ordinairement l'introduction faite par ces individus, dans les troupeaux communs, de quelques bêtes étrangères, qui colporte d'une province à l'autre les épizooties dangereuses qu'il serait si important de contenir dans leurs foyers? Combien de temps encore une imprudente philanthropie se montrera-t-elle disposée à s'apitoyer sans cesse sur les moindres douleurs particulières, tandis qu'elle demeure froide à l'aspect des calamités publiques, et insensible au bien-être général?

Il est de ces vérités morales que la faiblesse n'ose plus annoncer au siècle où nous vivons, mais devant lesquelles nous ne reculerons jamais : nous dirons donc notre pensée toute entière.

Que s'il était vrai que la jouissance promiscue des biens communaux fût pour les pauvres villageois d'un rapport très-considérable, il faudrait encore ne pas balancer à les en priver, pour un plus grand bien.

Laisser à l'habitant des campagnes non propriétaire, et que le soin de ses champs, dès lors, n'oblige point à travailler, les moyens de vivre aux dépens de la commune, c'est lui fournir celui de croupir dans une oisiveté le plus souvent criminelle.

Maintenant, voudra-t-on aller plus loin, étendre l'objection, et, portant la pensée vers l'avenir, s'occuper du sort des futurs habitans du pays, lesquels, venus trop tard, n'auront eu aucun lot lors de la division?

Nous répondrons encore que ces habitans futurs ne seront membres de la communauté que parce qu'ils tiendront des habitans anciens, à quelque titre que ce soit, ou l'habitation seulement, et dès lors ils n'auront point à se plaindre, parce qu'ils n'auraient eu aucuns droits quand ils seraient venus plus tôt, ou l'habitation et la propriété; et alors, distinguons encore : de deux choses l'une, ou ils représenteront les anciens habitans, à titre universel, et, dans ce cas, ils jouiront de la portion de communal qui leur était échue, ou ils ne les représenteront qu'à titre singulier, et alors ils se seront fait la loi, en n'achetant qu'une portion de leur propriété, ou en acceptant une libéralité faite à ce titre.

Quant à ceux que le seul désir de changer de résidence amène d'un lieu dans un autre; qui n'y sont point appelés comme représentans les anciens *manans*, dont ils viennent seulement grossir le nombre, quelle faveur méritent-ils de la part de la communauté à laquelle ils s'incorporent, sans qualité comme sans droit? Que ne restent-ils chez eux? Qui est-ce qui les force à changer de place? Pourquoi voudrait-on ménager des avantages à l'inconstane?

Peut-être même une vaste étendue de communaux, jouis par indivis, devrait-elle être considérée, à cause de cela, comme un véritable fléau pour les communes qui les possèdent. C'est un appât qui attire dans leur sein une foule de misérables sans mœurs et sans aveu, et qui n'apportent dans leur nouvelle patrie que leur corruption, leur fainéantise et de funestes exemples.

Ainsi, tout ce que l'on peut dire pour contrarier notre manière de voir, se détruit de soi-même; toutes les raisons de nos adversaires disparaissent devant des raisons contraires d'un ordre supérieur. Et s'il restait encore des doutes dans quelques esprits, si l'on découvrait quelques inconvéniens par nous imprévus au partage des biens communaux, que l'on veuille bien les comparer aux avantages incontestables qui doivent en résulter, et que l'on juge de quel côté doit pencher la balance.

Le principe une fois convenu, les bases proportionnelles de ce partage arrêtées, il ne reste plus qu'à en déterminer la forme.

Il nous paraît qu'il devrait être exécuté par

cantonnement, et qu'il serait à propos de rechercher autant qu'il se pourrait, sans injustice, l'aisance et l'agrément de chaque partenaire. Ainsi, l'on tâcherait, en général, d'attribuer à chacun des portions joignant ses propriétés privées. Au reste, la loi ne pourrait jamais être qu'indicative, et non restrictive de ce qu'il y aurait à faire à cet égard; et les autorités locales devraient avoir, quant à ce, une certaine latitude, parce qu'elles seules seraient à portée de voir ce qui conviendrait le mieux.

Dans quelques endroits, les biens communaux sont peu considérables; divisés entre tous les ayant-droit, ils seraient tellement morcelés, qu'ils n'auraient plus aucune valeur. Ceux-là nous sembleraient devoir être exceptés de la règle générale; mais, afin qu'ils ne fussent pas non plus sans rapports pour la communauté, et dans l'intérêt de tous, nous voudrions qu'il en fût fait des lots plus ou moins nombreux, selon leur étendue, et qu'ils fussent *baillés à rente* à la chaleur des enchères, à condition, toutefois, que le concours ne serait ouvert qu'entre les copropriétaires.

Au reste, ce projet du partage des biens

communaux n'est pas une découverte nouvelle.

On peut se mettre sous les yeux ce qu'en dit Chabrol, dans son *Commentaire sur la coutume d'Auvergne,* tom. III, page 551 et suivantes, et l'on y trouvera soutenue de puissantes raisons, et développée avec tout le talent qui distingue ce jurisconsulte profond, l'opinion que nous venons d'émettre.

Il cite un édit du mois de juin 1759, enregistré au parlement de Metz, le 6 juillet suivant, qui autorisait le partage dans le pays des Trois-Évêchés.

Nous pourrions nous-mêmes indiquer des autorités plus anciennes, quoique moins respectables; mais nous n'avons trouvé nulle part, nous sommesbien contraints de l'avouer, l'idée de puiser dans cette opération des ressources financières pour les communes, et nous regrettons de ne pouvoir étayer notre système à cet égard, du sentiment d'aucun publiciste habile.

Nous le livrons donc, dépourvu de toute espèce d'appui, aux réflexions des hommes d'Etat qui voudront bien le méditer, et nous serions heureux que l'on pût y trouver le germe de quelques améliorations.

CHAPITRE XVII.

Responsabilité des administrations municipales. — Pourvoi contre leurs actes. — Garanties contre leurs excès et leur négligence. — Conclusion.

L'AFFRANCHISSEMENT des communes opéré, l'indépendance de leurs administrations établie, le cercle des attributions de leurs officiers tracé, leurs finances, enfin, recréées, et les moindres détails prévus, la loi municipale, alors, sera-t-elle complète?

Il n'est pas un homme de sens qui ne réponde à l'instant que non. Les administrations municipales, en effet, sont, comme toutes les administrations possibles, responsables de tout ce qu'elles font, et même de ce qu'elles ne font pas lorsqu'elles devraient le faire; et cette responsabilité doit se trouver réglée dans la loi qui les organise.

Elles sont responsables envers l'*Etat*, qui représente les intérêts *généraux*, contre lesquels ne doivent point *prévaloir* les intérêts *communs*; elles le sont envers les municipalités, dont elles sont chargées de faire *pré-*

valoir les intérêts *communs*, souvent en opposition avec les intérêts *individuels* de chacun de leurs membres; elles le sont enfin envers les *individus* dont les droits et la liberté ne sauraient être atteints par l'*arbitraire*, ou froissés *illégalement* par l'autorité.

La responsabilité des administrations municipales envers l'*Etat* et les *individus*, peut peser à la fois et sur les maires et sur les conseils des communes. Cette même responsabilité envers les municipalités elles-mêmes, ne peut peser que sur les maires ou sur leurs adjoints délégués.

Toute résistance *active* ou *passive*, de la part d'une autorité quelconque, aux ordres émanés d'une autorité supérieure dans la hiérarchie constitutionnelle des pouvoirs; toute attaque dirigée contre cette autorité supérieure; tout trouble apporté, en un mot, à l'ordre légal établi; toute vexation, tout excès peuvent être, selon les circonstances, un crime, un délit, une faute; et les fonctionnaires qui s'en rendent coupables doivent en supporter la peine et en subir les conséquences. Or, il est évident qu'en appliquant ces principes aux administrations municipales, on peut trouver des coupables, soit parmi ceux de leurs membres qui sont revêtus du pouvoir exécutif, soit parmi ceux qui ne sont que conseil.

Des actes ou des délibérations en opposition avec les lois du royaume, doivent également éveiller la sollicitude de la société, et exciter le zèle de ceux qui sont chargés du soin de sa conservation.

Toute infraction aux lois est essentiellement du ressort des tribunaux. La législation existante a tout prévu sous ce rapport, et le Code des délits et des peines traite des divers genres de méfaits dont peuvent se rendre coupables les membres des corps administratifs, comme les autres fonctionnaires publics. Le mode de les poursuivre est réglé, et les règles prescrites sont bonnes; mais il reste un but à atteindre, et pour cela des moyens à créer.

En cette matière, en effet, c'est trop peu que punir les auteurs du mal; il faut en arrêter les progrès, il faut en prévenir les ravages. Il est donc nécessaire qu'il existe une sorte de tribunaux administratifs qui soient chargés de juger, non les auteurs des actes illégaux ou des délibérations dangereuses, mais ces actes, ces délibérations même; d'en prononcer l'annulation ou la révocation, et d'empêcher ainsi que leur exécution commence, ou du moins qu'elle s'accomplisse.

Mais ces tribunaux d'une espèce nouvelle, quels seront-ils? Comment les composera-t-on? D'où pourra leur venir leur pouvoir? Leur pouvoir leur viendra du roi, duquel émane toute autorité; et le gouvernement, les ministres en choisiront les membres.

Quoi! le gouvernement seul? Oh! non, non; ce serait hasarder l'existence des communes; et l'administration municipale, quelque soin qu'on eût pris de la constituer fortement, pourrait alors périr, ou du moins perdre toute son influence, au gré des caprices ministériels.

Les principes de son organisation devront donc se retrouver dans l'indication des assemblées supérieures chargées de faire droit sur les appels *comme d'abus* des actes de ses fonctionnaires, ou des résolutions de ses conseils.

Ces assemblées seront, selon les circonstances, les conseils d'arrondissement, les conseils-généraux de département, les assemblées législatives, enfin.

Dans chaque arrondissement, les sous-préfets, soit d'office, et dans l'intérêt de l'ordre public, soit sur la plainte des citoyens, et dans l'intérêt des individus, seront chargés de convoquer, toutes les fois qu'il y aura lieu, le conseil d'arrondissement; ils y dénonceront les actes objet de quelque grief, et l'assemblée prononcera, après avoir entendu les fonctionnaires desquels serait émané l'acte incriminé.

Ces fonctionnaires pourront même être suspendus par elle, et des commissaires nommés pour les remplacer provisoirement. On sent la nécessité d'une telle mesure en bien des cas; tel celui où il plairait à un maire de demeurer oisif, et d'apporter une négligence préjudiciable dans l'accomplissement de ses devoirs, soit envers ses administrés individuellement, soit envers l'Etat; celui encore où, pris à partie personnellement, et traduit devant les tribunaux, à raison de son administration, il serait exposé à subir un procès correctionnel ou criminel.

Ces premières décisions seront toujours exécutoires par provision; mais rendues en premier ressort, elles pourront être attaquées dans un délai déterminé, et soumises à la censure du conseil-général, convoqué extraordinairement par le préfet, en cas d'urgence, et, dans le cas contraire, à l'époque de sa session annuelle.

Enfin, l'arrêt émané de la part du conseil-général, sera sujet à révision, sur la demande des parties intéressées; et cette révision appartiendra aux Chambres, auxquelles elle sera proposée par l'organe des ministres du roi. C'est ainsi qu'on pourra garantir tous les droits et prévenir tous les dangers.

Quant à la responsabilité des officiers municipaux chargés du pouvoir exécutif envers les communes, dont il ne sont que les mandataires, on sait qu'elle peut se trouver intéressée dans bien des occasions, et que, nonobstant la peine encourue, s'il y a eu malversation, la conduite de l'administrateur infidèle, ou seulement négligent, doit demeurer exposée à l'examen de ses commettans, ou de ceux qui les représentent, c'est-à-dire des conseils municipaux.

Ces assemblées ne pourront, en aucun cas, s'ingérer dans l'exercice du pouvoir exécutif; mais dans leur session annuelle, elles devront exercer sur les actes de ce pouvoir une investigation salutaire, demander compte des motifs qui ont pu les déterminer, les approuver ou les blâmer s'il y a lieu, louer le zèle de leurs maires, ou se plaindre de leur inactivité, et consacrer ainsi leurs droits à une réélection, ou bien signaler ceux qui cesseraient de mériter la confiance de leurs concitoyens.

Il faut qu'il existe un registre dans lequel soient consignés et les éloges et le blâme, registre destiné à en perpétuer le souvenir, et dont les pages seront un puissant moyen d'émulation pour les administrateurs présens et futurs.

Mais les décisions des conseils, qui y seront insérées, doivent être marquées au coin de la plus exacte impartialité, et porter avec elles la preuve qu'elles n'ont pas été le résultat de quelques passions intéressées, de la haine ou de l'affection, d'une adulation méprisable, ou d'une basse jalousie.

Elles ne seront donc glorieuses ou infamantes qu'autant qu'elles auront été prises à la majorité des deux tiers au moins des membres composant l'assemblée générale de la municipalité. Elles pourront être provoquées par la proposition de trois membres; et l'administrateur qui, pendant deux années de suite, aurait encouru la censure, cessera à l'instant ses fonctions. Les assemblées électorales seront convoquées aussitôt, pour pourvoir à son remplacement; il n'en sera pas moins rééligible, parce qu'il est nécessaire aussi que les résolutions des conseils municipaux, alors surtout qu'elles attaquent la considération des fonctionnaires, soient soumises à un contrôle quelconque.

L'effet de ce nouveau témoignage de l'estime générale et de la confiance du roi conservées, nonobstant la double censure du conseil, devient la plus noble réparation que puisse obtenir de cette injure l'honorable citoyen qui fut l'objet de préventions injustes, comme aussi la plus profitable leçon que puissent recevoir ses détracteurs; et, nous le répétons de bonne foi, c'est par la combinaison de ces mesures diverses que l'on pourra garantir tous les droits et prévenir tous les dangers.

Ici, notre cadre est rempli.

Nous avons dit sur l'organisation des communes et du pouvoir municipal tout ce que nous avait inspiré l'amour de la patrie et du roi. Peut-être nous sommes-nous fait illusion; peut-être toutes nos conceptions ne sont-elles que des chimères; nous avons cru pourtant devoir les publier; et si tout ce qui précède n'est qu'un rêve, on nous rendra, nous l'espérons du moins, la justice de n'y voir que celui d'un homme de bien, aussi franchement dévoué à la monarchie, qu'il est jaloux du maintien des libertés publiques garanties par la Charte constitutionnelle.

FIN.

TABLE.

FIN DE LA TABLE.

www.ingramcontent.com/pod-product-compliance
Ingram Content Group UK Ltd.
Pitfield, Milton Keynes, MK11 3LW, UK
UKHW021058230726
13926UKWH00004B/1920

9 782016 191477